京都国立博物館 編

京都国立博物館 所蔵

国宝 漢書楊雄伝 第五十七

勉誠出版

刊行にあたって

京都国立博物館は、明治三十年（一八九七）の開館以来、一千年の都、京都で護り伝えられてきた文化財を中心に、その収集・保管・展示および調査研究や教育普及事業などの活動を行ってまいりました。

諸活動の根幹をなす収集について、平成三十年度末の館蔵品の件数は八〇七五件、うち国宝二十九件、重要文化財一九六件と質の高い文化財を収蔵しております。中でも書跡部門は、全体の六分の一強にあたる一三七四件を占め、国宝十七件、重要文化財八十三件と、館内随一の充実ぶりであり、とりわけ、古写経を中心とした典籍類のコレクションは国内屈指の収蔵内容を誇っています。

当館では、これらの貴重な館蔵品を展示し、多くの皆様にご鑑賞いただけるように努めています。一方、今日まで大切に伝えられてきた国民的財産を損なうことのないよう、展示には照度や期間などの制限を設け、保存にも努めています。そのため、いつでも観たい時に観ることができる、という訳にはいきません。そのような展示と保管の葛藤の中、わが国の歴史や文化を語る上で頗る重要な書跡を選び、そのすべてを影印し、原寸・原色で出版することを試み、これまで『浄名玄論』、吉田本『日本書紀』、岩崎本『日本書紀』などを公刊しました。いずれも、すぐれた書跡を間近に鑑賞できる、とご好評いただいております。

この度、上梓する『漢書楊雄伝第五十七』は、日本に現存する『漢書』のうち、唯一の唐鈔本であるとともに、読みをあらわす訓点の古さや種類においても著名な写本です。朝日新聞社社主、上野精一（一八八二～一九七〇）の旧蔵品であり、平成二十七年に購入しました。当館は昭和三十五年二月、上野精一より、父の理一（有竹斎、一八四八～一九一九）が収集した中国の明清時代を中心とする書跡および絵画、計一六三件の寄贈をうけ、「上野コレクション」として収蔵しており、まことに縁の深い文化財と言えます。

『漢書』は中国の正史の一つです。読んだことがなくとも「百聞は一見にしかず」、「酒は百薬の長」といった『漢書』を出典とすることわざはご存じのことでしょう。日本でも古くから『後漢書』『史記』とともに、「三史」として重要視された書物で、『源氏物語』にも「三史五経、道々しき方を」とみえます。『源氏物語』の引用によらずとも、本書に付された詳細な朱・墨・白・黄の訓点や注記の数々が、その重要性を何より雄弁に物語っています。

まさしく「百聞は一見にしかず」。展示では詳細にご鑑賞いただくことの叶わない訓点・注記まで、原寸カラーで細大漏らさずご覧いただくことで、国語学や歴史学をはじめとした各分野の研究に大きく裨益することを念じます。

京都国立博物館長　佐々木丞平

目次

刊行にあたって……京都国立博物館長 佐々木丞平 (3)

漢書楊雄伝 第五十七……1

解題

書誌解題……上杉智英 63

本文・訓点解題……石塚晴通・小助川貞次 79

凡例

・京都国立博物館所蔵の国宝『漢書』楊雄伝第五十七を原色・原寸で影印した。

・影印の上部には行数を示した。

・解説は、上杉智英（京都国立博物館学芸部美術室研究員）・石塚晴通（北海道大学名誉教授・東洋文庫研究員）・小助川貞次（富山大学教授）が担当した。

1

又離騷其辭曰

又離騷其辭曰

有周氏之蟬嫣兮或鼻祖於汾隅
應劭曰蟬嫣連
也言與周氏親連也劉德曰鼻始也師古曰雄自言系出周
氏而食采於楊故云始祖於汾隅也嫣音於連反

靈宗初諜伯僑兮流于末之揚侯
應劭曰諜譜也
言從伯僑以來
可得而敘也

淑周楚之豐烈兮超既離
乎皇波
應劭曰淑善也言去汾隅從巫山得周楚
之美烈也超遠也晉灼曰離歷也皇大也師古
曰言其先祖所居經歷河及江也江河四瀆之
水故云大波皋字與乎字同也其下並同

因江潭而往記兮欽弔楚之湘纍
蘇林曰潭水邊也
劉德曰往往也李
奇曰諸不以罪死曰纍荀息仇牧皆是也屈原赴湘死故
曰湘纍師古曰記書記也即謂弔文也言因江水之邊而投書
以往弔也欽敬也潭音尋
往音于放反纍音力追反

惟天軌之不辟兮何純絜而離紛
師古曰天軌猶言天路也辟開也離
遭也紛難也言天路不開也離故
使忠善貞絜之人遭此難也易

使純善貞絜之人遭此難也易

日天地閉賢人隱辟讀曰闢紛纍以其淟涊

應劭曰淟涊穢濁也師古曰纘

兮暗纍以其纘紛紛交雜也淟音吐典反涊音乃典

反纘音近人反漢十世之陽朔兮招搖紀于周正晉灼

曰十世數高祖呂后至武帝也武帝八年乃稱陽朔應劭

曰招搖斗杓星也至天時周正十一月也蘇林曰言已以

此時予屈原也正皇天之清則兮度后土之方貞應劭

曰平正司法者莫過於天養物均調者莫過於地文伯

庸名我為平以法天字我為原以法地也晉灼曰此

雄取離騷辟文之應說是也師古曰應晉二說皆非也自

漢十世以下四句不道屈原也此乃雄自論已心所履

行取法天地耳自圖

纍以下方論屈原云圖纍承彼洪族兮又覽

纍之昌辭師古曰圖纍其本系之圖書也洪大也覽省視也昌美也帶鉤矩

而佩衡兮履欃槍以為綦應劭曰鉤規也矩方也衡平也劉展

曰欃槍妖星也晉灼曰綦履跡也此又屈原雖佩帶方

平之行而蹈惡人跡以致放退也師古曰綦履下飾也欃

音初咸反槍音初

平之……

駒矩此宜為稱上之衡也有何兩之數也

音初咸反擔音初庚反綦音其

素初貯厥麗服兮何文肆

應劭曰貯積也肆放也䈴挟也如淳曰文肆

集音張呂反

而質䈴也

者楚辭遠遊乘龍之言也質䈴者恨世不用己而自沉也師古曰麗服謂扈江離與辟芷紉秋蘭以為佩之類是也䈴音械

資姱娃

訓如曰資者以為資化肯華日資取也云云

孟康曰姱閭姱也娃吴娃也

集如云華昭作婚云閭頻梁王魏嬰之美人通俗文云南楚好為好娃

之珎艶兮鬻九戎而索賴也

集如曰……也華云鬻賣也索求也言取二美之艶賣之九戎無利也

也艶髮也賴得也九戎被髮艶雖珎無所用也師古曰姱娃皆美女也賴利也言屈原以高行仕楚亦猶資美女之艶賣於九戎而求其利必不得也姱音子踰反娃音烏娃反艶音徒計反

鳳皇翔於蓬渚兮豈駕鵞之能捷

應劭曰蓬蓬萊渚在海中晉灼曰捷及也師古曰駕鵞鳥名也解在司馬相如傳駕音加

訓如曰捷接也……諸者音云云

騁驊騮於曲囏兮

古艱字

集華云道曲而難也

驢騾連蹇而齊足

師古曰驊騮駿馬名其色如華而赤也言使駿馬馳於屈曲囏阻之中則與驢騾齊之也驊音華連音力展音華連音力展反囏古艱字也

枳棘之榛榛兮猨狖擬而不敢下

猴介

師古曰榛

案菜說文云擬相向也

案菜廣雅云木叢

柎輵之榛〃兮[illegible]狖[illegible]而相軼下

日榛

相台也

集注廣雅云木叢生曰榛字林乙音上一反

榛梗樴貌也猨善攀援狖似猕仰鼻而長

尾擬擬也榛音臻又仕臻反狖音弋授反

猴

靈脩既

集注云靈神脩遠也言君德高明遠故喻靈脩

信梻蘭之嗟傞兮吾纍忽焉而不蚤

集注詩傳云傞聲也

集注云蓋楚侯臣也

服虔曰靈脩楚王也蘇林曰梻蘭令尹子梻

睹子蘭也師古曰蚤古早字也嗟嗟讃言也音差

衿芰茄之綠衣兮被夫容之朱裳

氣

集注音何

應劭曰衿音衿系之

衿衿帶也芰蔆也師古曰衿音其禁反茄亦荷字也

禁

見張揖古今字詁被音披又音皮義反

芳酷

烈而莫聞兮不如襞而幽之離房

師古曰襞

疊衣也離房

別房也襞音璧

閨中容競淖約兮相態以

崔

訓字林音丈卓反

集注云淖約美好皃

應劭曰衆士競善猶女競容也師古曰淖約善[illegible]

麗佳

比也相態以麗佳言競為佳麗之態以相傾

也淖

集注云言美目如茉(?)之嚬[illegible]

音綽

玉[illegible]灼反

知衆嫭之嫉妬兮何必颺纍之蛾

晉灼曰離騷云衆女嫉余之蛾眉師古曰嫭美貌也颺

眉

古楊字也蛾眉謂眉形若蠶蛾之眉也此亦譏屈

原自擧蛾眉令衆嫉之

也嫭音胡故反

懿神龍之淵潛兮竢慶

也嫭音胡故反

雲而將擧舉三春風之被離兮孰焉知　集音光被離音麗

龍之所處　晋灼曰龍待風雲而後升士須明君而後進国無道則愚誰知其所懿邪師古曰懿美也

竢待也龍以潜居待雲為美亦譏屈原不能隱德自取禍也被讀曰枝　愍吾纍之衆

芬兮颺燁燁之芳苓遭季夏之凝霜

集案小雅云羌發聲劉逵注吳都賦云羌楚人發語端也

兮慶夭顇而喪榮　晋灼曰雄愍屈原光華奄先秋遇厥生亦不辰

也張晏曰慶辭也師古曰曄光盛也苓香草名也音零慶讀與羌同顇古悴字也　横江湘以

集廣疋云横渡也方言云方舟謂之橫郭璞云揚州呼渡津舫為杭荊州人呼横〻音横〻

南往兮云走乎彼蒼吾馳江潭之汎溢

兮將折衷乎重華　應劭曰舜葬蒼梧在江湘之南屈原欲砥質聖人陳已

陳已之情要也師古曰往往也走趣也重華舜名也往音于放反走音奏潭音尋衷音竹仲反　舒中情

之煩或兮恐重華之不纍與　張晏曰舜聖卒避文容以全身

資於事父以事君恐不与屈原為黨與也

集案…非慶注中陽侯之波起也

陵陽侯之素波兮豈吾

之煩惑兮恐重華之不纍兮避文宮以全身

集注言非慶江中陽侯之波起也

資於事父以事君怨淩陽侯之素波兮豈吾

不与屈原為黨與也　應劭曰陽侯古之諸侯有罪而自投

纍之獨見許　江其神為大波陵乘也言屈原襲

陽侯之非而欲折中求

訓如曰靡音何反泥之之泥靡瓊玉之華

舜未必獨見然許也　精瓊靡與秋菊兮将以

集注汨羅二水名音冪

延夫天年臨汨羅而自隕兮何怨曰導於

西山　應劭曰精細靡屑也瓊玉之華也晉灼曰離騷云

精瓊靡以為粻兮夕飡秋菊之落英又曰老冉冉

其将至日忽忽其将暮師古曰此又譏屈原云瓊靡秋

菊将以延年崦（猗廉反）嵫（士辭反）勿迫遇於未暮何乃自投汨羅言行相

反　解扶桑之總轡兮縱令之遂奔馳　應劭

也　曰總

結也扶桑日所拂木也晉灼曰離騷云總余轡於扶桑聊

消搖以相羊屈原言結我車轡於扶桑以留日之入年得不

老日以踰君而反離朝自沉

解轡縱君使遂奔馳也　鸞皇騰而不屬兮豈

獨飛廉與鸞皇騰雲師　應劭曰楚辭云鸞皇

為余先戒兮後飛廉

使奔屬雲師告余以未具飛廉風伯也雲師豐隆也鸞皇

後鳥也晉灼曰已縱其轡使之奔馳鸞皇迅飛而無所

集音云四晉香草也

及非獨飛廉雲師言注

嚴未具使君不適道也

巻薜芷與若恵兮臨

湘渕而投之棍申椒與菌桂兮赴江湖而

漚之

師古曰離騷云貫薜荔之落蘂雜杜衡與芳芷又樹恵之百畝雜申椒與菌桂皆以自喻徳行芬芳

也今何為自投江湘而棄此芳乎棍大束也漚漬也若今漚

麻也棍音下本反漚音一構反又一集反

集注云糈祭精也 王逸云糈精米也

貫椒糈以要神兮又勤索彼瓊茅

孟康曰椒

糈以椒香米饋也離騷云索瓊茅以筳篿師古曰索求

也瓊茅靈草也筳篿折竹所用卜也精糈音所又音

所又音思呂反

筳音廷篿音專

違靈氛而不從兮湛身於江

晉灼曰靈氛古之善占者也離騷曰欲從靈氛之

吉占兮心猶豫而狐疑師古曰既不從靈氛之占何為

皐

貫椒糈而勤瓊茅也湛讀

曰沉江皐江水邊之游地也

纍既攀夫傅說兮

奚不信而遂行

晉灼曰攀慕也離騷曰說操築於傅

巖兮武丁用而不疑師古曰攀古

攀字也言既攀援傅說何不思

其所行自令見用而遂去也

徒恐鷤鴂之將鳴兮

集注云和博穀 黑色常以春分鳴則百草不芳

其所行自令見用而遂去也

則百草不芳

顉先百草為不芳

師古曰離騷云恐鷤鴂之先兮鳴使夫百草為之不芳雄言於以自沉何惜芳草而憂鷤鴂也鶗即鴂字也鷤鴂鳥一名買鵤一名子規一名鵤常以立夏鳴鳴則衆芳皆歇鷤音大系反鴂音桂鷤字或作鶗亦音鶗鴂又音决鵤音詭也

初纍棄彼宓妃兮更思瑤臺之逸女

師古曰離騷云吾令豐隆乘雲兮求宓妃之所在又曰望瑤臺之偃蹇兮見有娀之佚女此又譏其執心不定也宓妃古神女也有娀佚女即簡狄也宓讀曰虙音伏

抨雄鴆以作媒兮何百離而曾不壹耦

使也

師古曰離騷云吾令鴆為媒兮鴆告余以不好雄鳩之鳴逝兮余猶惡其佻巧故云百離而不一耦也抨使也耦合也抨音普耕反

吐敢反

集服云從風而飛揚貌也或云美也宋字林云旖旎

乘雲蜺之旖施兮望崑崙以樛流覽

於綺反　女綺反　居虯反

集已又力周反訓良秋反

集拠云磨来音攑縳之樛留云樛流猶纏繞也

四荒而顧懷兮奚必女彼高丘

集韋云佳也

蘇林曰離騷云登涼風而紲馬忽反顧以流涕哀高丘之無女女以喻士高丘謂楚也師古曰離騷又云揚雲蜺之晻藹涼風在崑崙山上故云望崑崙也旖施雲貌也樛流猶周流也女仕也何必要仕於楚也旖音於綺反施音女綺反樛音居虯反女音居

音居援反

既亡鸞車之幽藹兮駕八龍之

晉灼曰離騷云駕八龍之蜿蜿兮載雲旗之委蛇師古曰言既無鸞車則不得云駕八龍也幽藹

委蛇

集音萎

猶晻藹也蛇音移

臨江瀕而掩涕兮何有九招與

九歌

晉灼曰離騷云擥茹惠以掩涕又曰奏九歌以舞韶師古曰此又譏其哀樂不相副也招讀與韶同

集音賓

夫聖哲之不遭兮固時命之所有雖

增欷以於邑兮吾恐靈脩之不纍改

師古曰離騷云曾歔欷余鬱邑兮哀朕時之不當增重也雄言自古聖哲皆有不遇屈原雖自歎邑而楚王終不改寤也於邑短氣也於音烏邑音烏合反於邑亦讀如本字

昔仲尼之去魯兮婓

集鄭氏曰婓乙

婓遲遲而周邁

師古曰婓婓往來之貌也音芳非反

終回復於舊

訓如曰大波之迴轉者察案許慎注淮南云淵水漸起還者為濤也

都兮何必湘淵與濤瀨

大高反

師古曰言孔子去其本郡遲遲係戀意在舊都俳佪反復屈原何獨不懷鄢郢而赴江湘也濤大波也瀨急流濤也音大高反

集案埤蒼云溷亂也音戶本反又戶困反

溷漁父之餔

江湘也濤大波也瀨急流濤也音大高反溷漁父之餔
歠兮絜沐浴之振衣 師古曰漁父云何不餔其糟而歠其釃屈原以為溷濁不肯從之乃云新沐者必彈冠新浴者必振衣也餔音必胡反歠音昌悅反
棄由聃之所珍兮蹠彭咸之所遺 師古曰由許由也聃老聃也二人守道不為時俗所行然保己全身無殘辱之醜彭咸殷之介士也不得其志投江而死此又非屈原不慕由聃高蹤而遵彭咸遺跡蹠蹈也音之亦反
孝成帝時客有薦雄文似相如者
上方郊祠甘泉泰畤汾陰后土以求繼嗣
召雄待詔承明之庭 師古曰承明殿在未央宮 正月從上甘
泉還奏甘泉賦以風 師古曰風讀曰諷 其辭曰惟漢
十世將郊上玄定泰畤雍神休尊明號 晉灼曰雍祐也休美也言見祐護以休美之祥也師古曰雍衆也明號謂總三皇五帝之號而稱皇帝也雍讀曰擁
同符三皇錄功五帝卹胤錫羨拓迹開統
應劭曰卹憂也胤續也錫與也羨饒也拓廣也時成帝

集注文類曰符合也

應劭曰鄗夏也僵殯也錫與也羨饒也祐廣也時武帝
無嗣繼嗣故脩祠泰時后土言神明饒與福祥廣遠而開
統也師古曰羨音弋戰反祐音託也

於是迺命群僚歷吉日協靈辰師古曰歷選吉日而合善時也

星陳而天行師古曰如星之陳象天之行也

詔招搖與泰陰兮伏鉤陳使當兵

張晏曰礼記云招搖在上急繕其怒大陰歲後二辰也服虔曰鉤陳紫宮外營陳星也

屬堪輿以壁壘兮梢夔魖而抶獝狂

張晏曰堪輿天地總名也
孟康曰堪輿神名造圖宅書者也木石之怪曰夔夔神如龍有角人面魖耗鬼也獝狂無頭鬼也今皆梢而去之
師古曰堪輿張說是也屬委也以壁壘委之也梢裹擊也抶笞也梢音山交反魖音虛屬音之欲反抶音丑乙反獝音揆聿反

八神奔而警蹕兮振殷轔而軍裝

師古曰招搖至獝狂凡八神也殷轔盛貌也軍裝為軍戎之飾裝也轔音來忍反也

蚩尤之倫帶干將而秉玉戚兮飛蒙茸而走陸梁

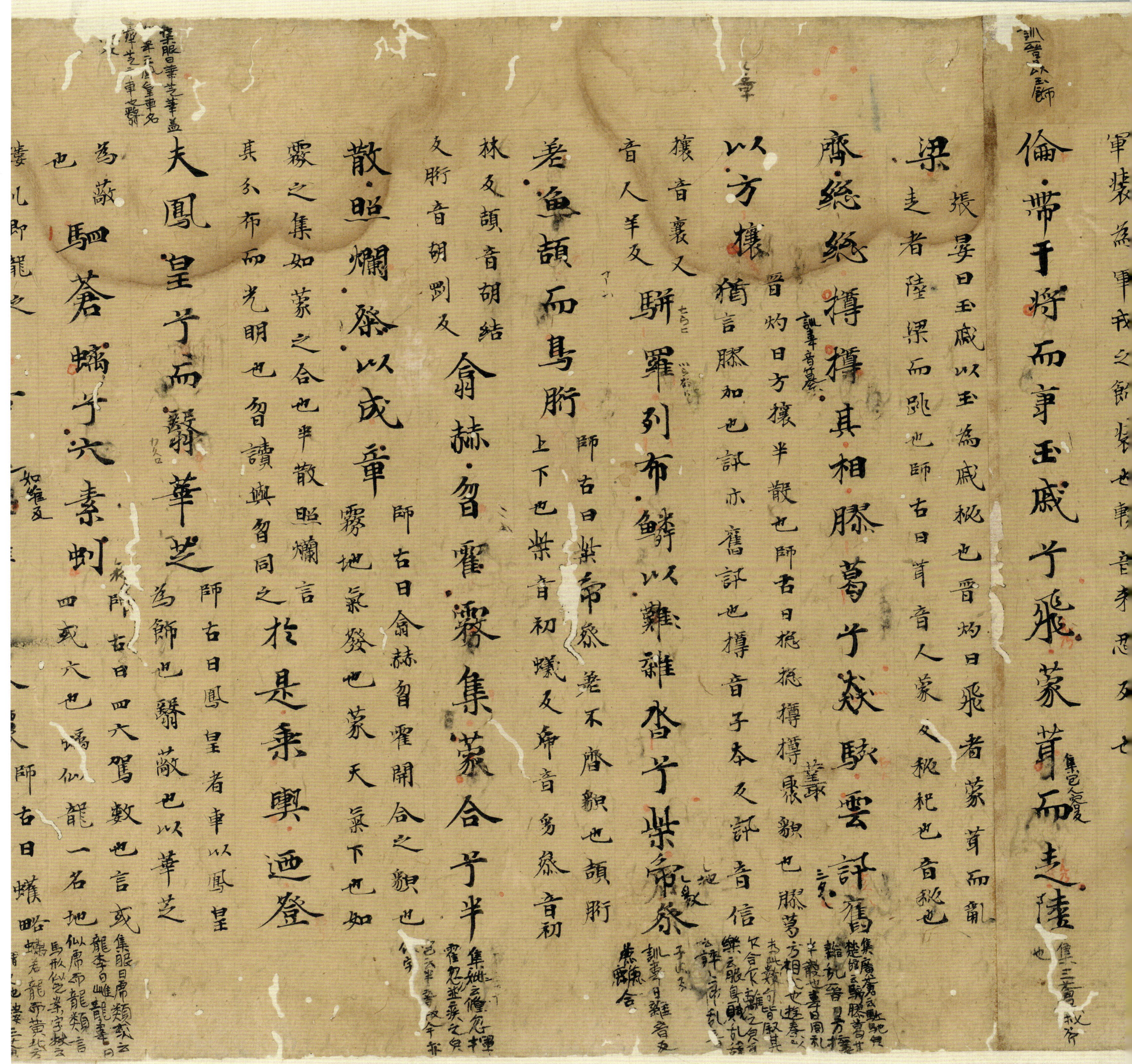

軍裝爲軍戎之飾 裝也 衷音夷忠反 七

倫帶干將而秉玉戚兮飛蒙茸而走陸梁

張晏曰玉戚以玉爲戚柲也 晉灼曰飛者蒙茸而亂走者陸梁而跳也 師古曰茸音人冢反 柲音祕

齊總總撙撙其相膠葛兮猋駭雲訊奮以方攘

晉灼曰方攘半散也 師古曰總總撙撙衆貌也 膠葛猶言膠加也 訊亦奮訊也 撙音子本反 訊音信

攘音襄又音人羊反

駢羅列布鱗以雜沓兮柴虒參差魚頡而鳥䀏

師古曰柴虒參差不齊貌也 頡䀏上下也 柴音初蟻反 虒音豸 參音初林反 頡音胡結反 䀏音胡剛反

翕赫曶霍霧集蒙合兮半散照爛粲以成章

師古曰翕赫曶霍開合之貌也 霧地氣發也 蒙天氣下也 如霧之集如蒙之合也 半散照爛言其分布而光明也 曶讀與曶同

於是乘輿迺登夫鳳皇兮而翳華芝

師古曰鳳皇者車以鳳皇爲飾也 翳蔽也 以華芝爲蔽

駟蒼螭兮六素虯

師古曰四六駕數也 言或四或六也 螭似龍一名地螻 師古曰蠖略

集韻曰㩳纚䍦属貌
訓證曰㩳音㡌㩳之　唐韻又史紙

螭虬即龍之蠖略蕤綏如維反灕虖㩳纚　師古曰蠖略蕤綏虬螭貌也
無角者也
也灕㩳纚車飾貌也蠖音於钁反灕音師　師令陰閉雲
離㩳音森其字從巾纚音所宜反也　文選音決音韓

集韻云逸過…
倒景…字林云…

猋陽開　師古曰雲音于甲反　晉灼曰帥衆也雲散也
騰乃イ清霄而軼浮景兮夫何旟旐郅偈之旖旎也　師古曰騰升也　霄曰旁氣也
軼過也畫鳥隼曰旟龜蛇曰旐郅偈竿杠之狀也旖旎
旒緣之形也郅音吉又音質偈音居桀反旖音猗旎

音女支反　流星旄以電燭兮咸翠蓋而鸞旗
師古曰如星之流如電之照也咸皆也
敦萬騎於中營兮方玉車
之千乘　師古曰敦讀曰屯屯衆也方竝也
聲駍隱以陸離兮
輕先疾雷而馺遺風　師古曰馺疾意也駍
音普萌反馺音先合反凌
高衍之崨嵯兮超紆譎之清澄　登椽欒而
孟康曰衍無崖岸也紆譎
曲折也李奇曰洛音踊嵯音竦如淳曰崨嵯
上下衆多貌也師古曰衍即所謂墳衍者也

上下衆多貌也師古曰衍即所謂墳衍者也

訓服𢜩音攻之音 日古虹字自牾搜牾 至於據㯱言東騎 雈漢華朱盛有 似衆虹之帶天門

𢜩天門兮馳閶闔而入凌兢（鉅陵反）

服虔曰緣㯱甘泉南山也李奇曰𢜩音貢蘇林曰𢜩至也師古曰入凌兢者言至寒涼戰栗之處也兢音鉅陵反也

（集蕭音直據反）

是時未轃

夫甘泉也迺望通天之繹繹

師古曰轃與臻同臻至也通天臺名也言雖未至甘泉則遙望見通天臺也繹繹相連貌也

下陰潛以慘廩兮上洪紛而相錯

師古曰慘廩亦寒涼之意也洪大也紛亂雜也錯午也廩讀如本字又音來

（集案言其臺高相糺紛也）

直嶢嶢以造天兮厥高慶而不可乎彊度

師古曰嶢嶢高貌也造至也慶發語辭也彊竟也度量也言此臺至天其高不可究竟而量度也嶢音堯造音千到反慶讀曰羌度音大各反

（集服云平原之隄防也劉云唐道也）

原平唐其壇曼兮列新雉於林薄

鄧展曰唐道也服虔曰新雉香草也雉夷聲相近師古曰言平原之道壇壇曼然廣大又列樹辛夷於林薄之間也草叢生曰薄新雉即辛夷耳爲樹甚大非香草也其木支葉皆芳一名之新列壇音徒旦反曼音莫旦反

（知説在訓）

攢并閭與茇（蒲末反）苦（栝）兮紛被麗其亡鄂

（集服云音瑯）（應草）

如説在訓

集服云咢瑞 應草

音莫旦反

攢幷閭與茇苦兮紛被麗其亡鄂

如淳曰幷閭其葉隨時政平則平政不平則傾也師古曰如

氏所説自是平慮耳此幷閭謂椶樹也茇苦草名也鄭垠

也茇音步末反苦音括被音皮義

反麗讀如本字被麗又音披離也

崇丘陵之駊騀兮

蘇林曰駊騀音叵我師古曰駊

騀高大狀也嶔巖深嶮貌也嶔

集姚茲韻音欽

深嶔巖而爲谷

音口銜反

訓察案字林云般古班字

途迢離宮般以相燭兮封巒石關施

察案黄圖官封巒觀苑內

靡虖延屬

應劭曰言秦離宮三百武帝復往往脩

治之也師古曰迢古往字也往往言所往

之處則有之也般連貌也燭照也封巒石關皆宮名也施

靡相及貌也屬連也般音盤施音弋尔反屬音之欲反也

訓同引字林云嶉音女隹反 文選注子罪反大壽決祖罪反

於是大夏雲譎波詭摧嶉而成觀

集服云盛皃也

孟康曰言夏屋變巧乃爲雲氣水波相譎詭也摧嶉林

木崇積之貌也晉灼曰摧音子隹反師古曰嶉音子水

反觀謂形也音工喚

反絓音田戌反

仰撟首以高視兮目冥眴而亡見

師古曰撟舉也冥眴視不諦也撟同其字從

手冥音莫見反眴音删縣之縣也

集廣云瀏周也

集音良暫反

正瀏濫以弘惝兮指東西之漭漭

手寘音莫見反 眗音洲 縣之縣也

集廣疋瀏周也

正瀏濫以弘惝兮指東西之漻漻 集音良暫反 敞 曰惝 眼虞

音敞 師古曰瀏濫猶言汎濫也 弘惝高大也 漻漻長也 瀏音劉 徙佪佪以徨徨兮

魂固眇眇而昏亂 師古曰言駭 其深博也 樓軨軒而周

流兮忽軮軋而亡垠 軮烏朗反 軋於黠反 師古曰軨軒謂前軒之軨 也軨者軒間小木也字與櫺 訓纂云殺反前 廣雅云垠崖也

同周流周視也 軮軋遠相映也 軨音 零 軮音烏朗反 軋音於黠反也 翠玉樹之青葱兮

壁馬犀之瞵㻞 應劭曰瞵音鄰 晉灼曰㻞音豳 師古曰玉樹者武帝所作集衆寶以為之用供神也 非謂自然生之 而左思不曉其意以為非本土所出 蓋失之矣 馬犀者馬腦及犀角也 以此二種飾殿之壁

瞵㻞文貌也 金人仡其承鍾虡兮 嵌巖巖 仡魚乞反 嵌火敢反

師古曰仡仡勇健狀也 嵌閒張貌也 言其鱗甲開張若真之龍形也 仡音魚仡反又音其乞反 嵌音火敢反

其龍鱗 揚光曜之燎燭兮 乘景炎之炘 欣 師古曰炘炘光盛貌也 炘 炎音弋贍反 炘音欣

配帝居之縣圃兮象

大……

炘 師古日炘炘光盛貌也炏音弋瞻反炘音欣 配帝居之縣圃兮象

泰壹之威神 服虔日曾城縣圃閬風昆侖之山三重也天帝神在其上也

洪臺掘其獨出兮㭬北極之嶟嶟 應劭日掘

特貌也㭬至也晋灼日嶟嶟概㭬也師古日言高臺特出

乃至北極其状竦峭嶟嶟然也掘音其勿反㭬音竹栢

反嶟音千旬

反又音遵也 列宿迺施於上榮兮日月纔經

於抶振 服虔日抶中央也振屋宇招也師古日施延也榮

屋翼也凡此者言屋宇高大之甚也施音弋

豉反抶音央振音辰一日施

真謂安施之耳讀如本字也 雷鬱律於巖突兮

電倏忽於樀藩 師古日鬱律雷聲也倏忽電光

也藩藩㰚也倏音式六反藩音

甫元

反 鬼魅不能自還兮半長途而下顛 師古

日言屋之高深雖鬼魅亦不能至其極而反故於長途之半而

顛墜也還讀日旋字或作遠遠反之也

歷倒景而絶飛梁兮浮蔑蠓而撇天

日飛梁浮道之橋也蔑蠓疾也師古日樧揗排也蠓音莫孔反樧音近列反又普結反

集張日高闕也蕭該攙音七咸反搶七行反

左攙搶右玄冥兮前熛闕後應門

必遥反

晉灼日大人賦攙搶以為旗又日左玄冥而右黔雷雄擬相如故云尒也熛闕赤色之闕南方之帝日赤熛怒應門正門在熛闕之内也師古日熛音必遥反也

䕞西海與幽都兮涌醴汩以生

集音䕞　于筆反

如淳日言闕之高乃䕞西海也師古日䕞映西海以反些幽都都北方絶遠之地也涌醴醴泉涌出汩汩然也汩音于筆反也

蛟龍連蜷於東厓兮白虎敦圉虖昆侖

集說文圉守也　敦音屯

師古日連蜷卷曲貌也敦圉盛怒貌也言甘泉宫中皆有此象也蜷音拳敦音屯

覽摎流

集居虬反又反

於高光兮溶方皇於西清

集音浦　十

服虔日高光宫名也師古日摎流屈折也溶然閑暇貌也方皇彷徨也西清西廂清閑之處也溶音容也

集峯下文有洪厓旁皇並言觀名也

前殿崔巍兮和氏瓏玲

集服日如鐵蹏也云云案字林云瓏玉聲也訓應日璧帶其聲瓏玲也

孟康日以和氏璧為梁璧帶其聲瓏玲也晉灼日以黄金為璧帶含藍田璧瓏玲明見貌也師古日崔巍高貌也瓏玲晉說是也崔音才回反巍音五回反瓏音聾玲音零

炕浮柱之飛

回反藪音五回反瑂音龍玭音[illegible]也

集莫莫勉也言多以神自勉强扶持也

攘（襄）于神莫莫而扶傾　師古曰炕與抗同抗擧也攘

屋椽也言擧立浮柱而架飛

攘其邪危殊有神於闇

莫之中扶持故不傾也

閌（行）閬（浪）閬其寥廓兮似紫

宮之崢嶸（宏）　師古曰閌高門皃也閬閬空虛也寥廓宏遠也

紫宮天帝之室也崢嶸深遂也閌音抗閬

音浪寥音僚崢音仕耕

反嶸音宏

騈（步田反）交錯而曼衍兮𡾰（他賄反）嵔（罪）　蔡茱曰嵔嵬山長皃

隗（五罪反）𠪨其相嬰　師古曰言宮室臺觀相連不絶也𡾰

嵔安施之貌也嵔隗猶崔嵬也衍音弋

戰反𡾰音他賄反嵔

音辠隗音五賄反也

乘雲閣而上下兮紛蒙籠　集服云蒙籠[illegible]

以根成　師古曰乘登也雲閣亦言其高入於雲也蒙籠

深通之貌也根成言其有若自然也根音胡本反

曳紅采之流離兮颺翠氣之宛延　集於元反

師古曰言宮室曠大自

然有紅翠之氣也

襲璇（似泉反）室與傾宮兮若登高妙（眇）遠　蔡茱[illegible]

服虔曰襲繼也桀作璇室紂作傾宮以此微

肅（朝）㢠臨淵

諫也應劭曰登高遠望當以亡國爲戒若

臨深淵

回猋肆其碭駭兮披桂椒鬱栘（移）楊　集云盧木名

也

師古曰回猋回風也肆放也碭過也駭動也披古披字

回猋肆其碭駭兮翍桂椒而鬱栘楊
集云椒木名
也
師古曰回猋回風也肆放也碭過也駭動也翍古披字
也鬱聚也栘唐棣也楊楊樹也言回風放起過動衆樹
則桂椒披散而栘楊鬱聚也碭音徒浪反栘音移
香芬茀以穹隆兮擊
集云芬丈扶勿反
案集貫逵注晉語云茀猶茀茀也木塞道曰茀
音防[illegible]反
薄櫨而將榮
乚盧
集案云三蒼欂櫨柱上村也
師古曰言桂椒香氣乃拂擊薄櫨
及屋翼也薄櫨枅也櫨音盧
訓音肩
玉結吳結臤見反
集案禮記云燔燎羶薌
薌此亦古香字
薌呹肸以棍根兮聲駍隱而歷鍾
集音逸
許乙反
集戶本反
師古曰又言風之動
樹聲響振起衆根同合駍隱而盛歷入殿上之鍾也根
猶株也薌讀與響同呹音丑乙反肸音許乙反棍音下
本反駍
音普耕反
排玉戶而颺金鋪兮發蘭惠與穹窮
集已行于反
李奇曰鋪門鋪首也師古曰言風之所至又排
門楊鋪擊動鏤鈕周旋入室登舊衆芳也
胡關反
惟彋弸
乚宏
音萌反
乚方
集案云皆帷帳見風開張之聲也
其拂汨兮稍暗而靚深
乚笲三普寇反
乚方
蘇林曰弸音石墮井
弸尔之弸彋音宏盂
康曰弸弸彋風吹帷帳鼓貌也師古曰拂汨亦風動貌也暗
暗幽隱也靚即靜字耳弸音萌反拂音普寇反汨音于
寇反暗音
烏感反也
陰陽清濁穆羽相和兮若夔牙
之調琴
張晏曰聲細不過羽穆然相和也
師古曰夔舜典樂者也牙伯牙也
般倕棄其
乚垂
案集云般若之誤
云案以為[illegible]
般是魯人故曰魯班

之調琴 張晏日聲細不過羽穆然相和也 師古日夔舜典樂者也牙伯牙也 般倕棄其

剞劂兮王爾投其鉤繩 應劭日剞曲刀也劂曲鑿也 師古日般公輸般也倕

舜共工也王爾亦巧人也見淮南子言土木之巧窮極巧麗

故令般倕之徒棄其常法也般讀與班同倕音垂剞

音居宜反劂

音居衛反 雖方征僑與偓佺兮猶仿佛其

若夢 晉灼日方常也征行也言宮觀之高峻雖使仙人

常行其上怳遠不識其形觀猶仿佛若夢也

師古日方謂並行也征僑姓征名伯僑仙人也偓佺亦仙人

名偓音握佺音銓仿佛即髣髴字耳征郊祀志作正字

其音同

耳也 於是事變物化目駭耳回 師古日言驚視聽也 蓋

天子穆然珍臺閒館琁題玉英蜵蜎蠖

濩之中 應劭日題頭也榱椽之頭皆以玉飾言其英華

相燭也張晏日蜵蜎蠖濩刻鏤之形也師古

日穆然天子之容也蜵蜎蠖濩言屋中之深廣也閒讀日

閑蜵音一先反蜎音下充反蠖音烏郭反濩音胡郭反

惟夫所以澄心清魂儲精垂恩 師古日言潔精以待異神

降福 師古日蓋讀

集本李云剞鏤刀也 淮南云魯般以木為鳶而飛之三日不集 說文云剞曲刀也

惟夫所以澄心清魂儲精以待冀神降福也感動天地逆釐三神者師古曰釐讀曰禧禧福也迺

搜逑索耦皐伊之徒冠倫魁應劭曰冠其群倫魁桀

集注云為倫匹材能作魁冠桀或以能字屬上句訓又以能字屬上

也師古曰言選擇賢臣可近耦於古賢皐繇伊尹之類冠等倫而魁桀者也能函甘棠

之惠挾東征之意師古曰甘棠之惠邵公奭也東征之意周公旦也相

集注云祖諧反案齋戒以集礼神之所也

與齋乎陽靈之宮師古曰齋同也同集於此也祭天之處故曰陽靈之宮

見匡

靡薜荔而為席兮折瓊枝以為芳師古曰靡纖察也謂細纖之也一曰靡謂偃而靡之以藉地也

噏清雲之流

集瑕即霞字

瑕兮飲若木之露英師古曰言其齋戒自新居處飲食皆芳潔也瑕日旁赤氣也露英言其英華受露者也

集乎礼神之囿登乎頌祇

訓服曰礼容宮也晉灼曰集服晉云

之堂師古曰頌歌也歌以祭也地神曰祇建光燿之長旓兮昭

華覆之威威服虔曰昭明也華覆華蓋也師古曰威威盛貌也旓旌旗之旒也一曰

華覆之威威服虔曰昭明也華覆華蓋也師古曰威威猶威蕤也猶旌旗之流也一曰蕤尾也音所交反

攀琁璣而下視兮行存目乎三

危陳衆車於東阬兮肆玉釱而下馳

漂龍淵而還九垠兮窺地底而上回

師古曰假日三危山名也晉灼曰釱車轄也九垠九垓也師古曰假設言周流曠遠外降天地與神通也肆放也阬大阜也讀與岡同釱音大又音第還讀曰旋

風從從而扶轄兮鸞

鳳紛其御蕤師古曰從從前進之意也御猶乘也蕤車之乘飾若纓蕤也從音竦今書御字或作衛者流俗妄改也

梁弱水之濎濙兮躡不周之逶

蛇服虔曰昆侖之東有弱水度之若濎濙耳師古曰濎濙小水之貌也不周山名逶蛇亦言不艱難也濎音吐定反濙音鎣又音胡鎣反蛇音移

想西王母欣然而上壽兮

屏玉女而卻宓妃師古曰西王母在西方周穆王所見者也玉女宓妃皆神女也宓讀與伏

玉女亡所眺其青盧兮宓妃曾不得施其

玉女亡所眺其清盧兮宓妃曾不得施其
蛾眉 服虔曰盧目童子也 方攬道德之精剛兮侔神
訓張曰訪問於善曰
洛音灼云々
明與之為資 晉灼曰等天地之林量也師古曰攬摠也音覽其字從手也 於是
集應曰牲玉之香也柴郊云々燔燎升煙所以報陽也應說在訓
欽柴宗祈燎熏皇天 師古曰欽敬也柴積柴也宗尊也祈求福也 招
訓集並作皐牟集如日皐牟挈皐也積柴於挈皐頭置牲玉於其上舉而燒之啟其近而故云皐作招搖泰一皆星名也柴今或作招字張說是
繇泰壹舉洪頤樹靈旗 張晏曰招搖泰壹皆神名也服虔曰洪頤旗名也李奇曰欲伐南越告禱太一畫旗樹太一壇上名靈旗以指所伐之國也見郊祀志
樵蒸焜上配藜四施 張晏曰龍藜披離也師古曰樵木薪也蒸麻幹也昆同也言以樵及蒸燒火其光炎同上於天又披離四出也
東燭倉海西燿流沙北熿幽
集業廣雅云煬熱也言火光遠及四裔
都南煬丹崖 服虔曰丹崖丹水之崖也師古曰熿古晃字也煬熱也言柴燎之光遠及四表也煬音弋向反
姚察顧胤並以為秬黒黍鬯草也築煮合而爛之之云鬯鄭玄云醖秬為酒取其芬芳條鬯
玄瓚觩鏐秬鬯泔淡 服虔曰以玄玉飾之故曰玄瓚張晏曰瓚受五升口徑八寸以大圭為柄用灌鬯觩鏐其貌也應劭曰泔淡滿也師古曰觩音虬鏐音力

幽反泔音胡敢反淡音大敢反也肸蠁豐融懿懿芬芬集案郭璞之蠁作也師古

集案言火之炎大熛盛致之龍麟
日言矩烙之芳烈也炎感黄龍兮熛訛碩麟師古日言光感神炎熛盛物

也訛化也碩大也熛音必遥反選巫咸兮叫帝閽開天庭兮延

羣神服虔日令巫祝叫呼天門也師古日巫咸古神巫之名也儐暗藹兮降清

壇瑞穰穰兮委如山張晏日儐贊也師古日暗藹神之形景也穰多也委積也

訓服日山名也張日雒宮署日壽圖無三巒宮相如傳有封巒觀許慎出不而餘高日巒三者莫如所從也
集案云偈息也棠梨館也
暗音烏感反於是事畢功弧回車而歸度三巒

兮偈棠梨集去滯反師古日三巒即封巒觀名也棠梨宮名也偈讀日憩天閫決集本或作見

兮地垠開八荒協兮萬國諧師古日天閫天門之閫也決亦

開也言德澤普洽無極限也登長平兮雷鼓磕集口盍反天聲起兮

勇士厲師古日長平涇水上坂名也磕擊鼓聲也天聲聲至天也聲字或作嚴言擊嚴鼓也厲奮

也雲飛揚兮雨滂沛于胥德兮麗萬世集案毛詩于胥樂兮鄭玄云于於也

師古日于日也胥皆也麗美也亂師古日亂者理也

師古曰于曰也骨皆也驪蒦也沛音普大反也

亂曰 師古曰亂者理也摠理一賦之終也

崇崇

丘

圜丘隆隱天兮 上圜丘大遠仮

師古曰言其高也

登降峛崺 力尒反 單埢垣 集案李賦草行字云峛崺山卑而長

師古曰峛崺上下之道也單用也埢垣圜貌也峛音力尒反崺音弋尒反單音蟬埢音拳

增宮嵾差駢嵳峨兮

師古曰增重也嵾差不齊也駢竝也嵾音初林反駢音步千反嵳音材何反峨音俄

集案埤蒼云嵺峭山峋深貌 無崖也

岭巆嶙峋洞亡厓兮

師古曰岭巆深遂貌也嶙峋節級貌也岭音零巆音榮嶙音鄰峋音荀

音中

上天之縡杳旭卉兮 切許玉反旦也

師古曰縡事也杳高遠也旭卉速疾也縡讀與載同

集案旭卉謂高遠也

聖皇穆穆信厥對兮

李奇曰對配也能與天相對配也詩云帝作邦作對 師古曰穆穆美也信實也

徠祇郊禋神所依 旨

集字林云禋也禋絜祀也

[illegible]

師古曰言以祇敬而來郊祭禋饗則神祇依附之也

俳佪招搖靈遟迟 集二音遟 集迟今遟徐也

兮

師古曰言神久留安處不即去也招音上搖反遟音栖迟音大義反

煇光眩燿降厥福兮

師古曰眩音州縣之縣

子子孫孫長亡極兮

甘泉本因秦離宮既奢泰而
師古曰本秦之林光宮也
武帝復増通天高光迎風宮外近則洪厓
旁皇儲胥弩阹遠則石關封巒枝鵲露寒
訓晉曰蒼
在上林苑
是皆起緒
棠梨師得遊觀屈其勿反奇瑰偉
師古曰棠梨宮在甘泉苑垣外師得宮在
集解蒼云瑰琦也
櫟陽界其餘皆甘泉苑垣
内之宮觀也阹音祛
非木摩而不彫牆塗
而不晝周宣所考或也般庚所遷夏卑宮室唐
集注云櫟擽也
虞採椽訓持專反集得專反三等之制也
師古曰小雅斯干之詩序曰宣
王考室也考謂成也般庚殷王
名也遷謂遷都亳也唐虞謂堯舜也採柞訓子各反木也
三等土階三等言不高也採音采又音菜其字從木
且其為
已久矣非成帝所造欲諫則非時欲默則不
能已故遂推而隆之乃上比於帝室紫宮
師古
日帝謂天也
若曰此非人力之所為黨鬼神可也
師古

日黨音他莽反又是時趙昭儀方大幸每上甘泉常法從師古曰法從者以言法當從耳非失禮也一日從法駕也在屬車間豹尾中服虔曰大駕屬車八十一乘作三行尚書御史乘之最後一乘縣豹尾豹尾以前皆爲省中故雄聊盛言車騎之衆參驪之駕非所以感動天地逆釐三神師古曰參三也驪偶也又言屏玉女卻虙妃以微戒齊肅之事賦成奏之天子異焉其三月將祭后土上迺帥群臣橫大河湊汾陰師古日橫橫渡之也湊趣也既祭行遊介山回安邑師古曰介山在汾陰東北回謂繞過之也顧龍門覽鹽池師古曰龍門山在今泰州龍門縣北鹽池在今虞州安邑縣西南也明登歷觀服虔曰歷山上有觀也晉灼曰在河東蒲坂縣陟西岳以望八荒迹殷周之虛眇然以思唐虞之風師古曰陟升也西岳華山其

西岳華山其
上高峻故言以望八荒殷都河内周在岐豐堯都平陽舜
都蒲坂皆可想見故云迹殷周之墟思唐虞之風也虚讀曰墟也
雄以為臨川羨魚不如歸而結罔 師古曰言成帝追
觀先代遺跡思欲齊其德號故雄觀令自興至治以儗帝皇之風也 還上河東賦以勸
其辭曰 伊年暮春將瘞后土 師古曰伊是也謂祠是甘泉
之年也祭地曰瘞薶故云瘞后土瘞音乙例反 禮靈祇謁汾陰于東郊
師古曰京師之東故曰東郊也 因茲以勒崇垂鴻發祥隤祉欽
若神明者盛哉鑠乎越不可載已 師古曰勒崇垂鴻
勒崇名而垂鴻業也隤降也祉福也欽敬也若順也鑠美也越曰也已辭也言發祥降福敬順神明其事盛美可不盡載也
於是命群臣齊法服整靈輿迺撫翠鳳
集作光字漢儀云法駕乘金銀車駕六馬羽蓋金華斯赤光也
之駕六先（光）景之乘 師古曰翠鳳之駕天子所乘車為鳳形而飾以翠羽也先景言馬行
速疾常在景前也 掉（徒弔反）奔星之流旃彏（集九縛反）天狼之威弧 晉灼曰狼

景前也

抓之星也師古日攫急張也音钁也　張燿日之玄旄揚左纛被雲　集九博反　集雄日…旌

集謂旌旗之流飛如字也

梢　張晏日雲梢梢雲也師古日梢與旓同旓者旌旗之流也以雲為旓也被音皮義反　奮電

鞭驂雷輜　之師古日輜衣車也淮南云電以為鞭策雷以為車輪故雄用此言也　鳴洪鍾建

五旗　師古日洪大也尚書大傳云天子左五鍾右五鍾天子將出則撞黃鍾之鍾左五鍾皆應入則撞蕤賓之鍾右五鍾皆應漢舊儀云皇帝車駕建五旗蓋謂五色之旗也以木牛承其下取其負重致遠也　羲和司日　集廣雅云御謂之羲和郭璞注山經云羲和…生十日者也

顏倫奉輿　李奇日顏倫古善御者也師古日羲和御名也　風發飆拂神騰

訓纂日趡起也　又兹誌

鬼趡　師古日飆回風也趡走也飆音必遙反趡音子咲反又才咲反　千乘霆亂萬騎

屈橋　師古日霆亂言如雷霆之盛而亂動也屈橋壯捷貌也屈音其勿反橋音其呂反　嘻　許其反

旭旭天地稠𡾋　切許玉反　集音好又助　徒弔反　集音悼　五到反　服虔日稠𡾋動搖貌也師古日嘻嘻旭旭自得之貌也嘻音許其反稠音徒弔反𡾋音五到反

簸丘跳巒涌渭躍涇　師古日山小而銳日巒言車騎之威自隱之威至於涌躍涇渭跳簸丘山也　集或作湊也　湊浩也

秦神下讋跖魂　集之涉反

訓合蓋作坏

負沶[直尸反]蘇林曰秦文公時雍中有陰化為牛走到南山
梓樹中伐梓樹化後入豐水文公惡之故作
其象以厭為今之茸頭是也故曰秦神服虔曰沶阿岸
之坻也晋灼曰沶水渚也師古曰跖蹈也言此神懾讋下
入水中自蹈其塊而負沶渚蓋戲懼之甚也
跖音之亦反沶音直尸反

河靈矍[集居縛反]

訓張曰皇上宮也

踢[〻著 集恥略反]爪華蹈[公]襄 蘇林曰河靈巨靈也華華山也
襄[出眉反]山也爪攫攫之足蹈之也踢音
識[切式吏反 〻三]蹢反服虔曰踢音石蹠[集著略反 切丑略反]師古曰矍踢驚動之貌也
音钁踢二音並通爪古掌字也凡言此者以車騎之
衆羽旄之盛故秦神河靈
莫不恐懼而自效也
遂臻[〻春]陰宮穆穆肅[〻]蹲[〻 集高云穆〻美蹲〻喜]
如也 師古曰陰宮猶陰之宮也穆穆靜肅也
肅敬也蹲蹲行有節也蹲音千旬反 靈祇[〻奇]

訓服虔劉曰洪範五古名以集敘謂而唱是[illegible]

既嚮五位時敘 服虔曰五位五方之神也
師古曰嚮讀曰嚮嚮饗也 烟熅玄
黃將[大也]紹厥後 師古曰烟熅天地合氣也玄黃天地色也
易下繫曰天地烟熅万物化淳坤文
言曰玄黃者天地之離也天玄而地黃將大也言天地之
氣大興[發]於祭祠之後也後也烟音因熅音於云反
於是靈輿安步周流容與 師古曰靈輿天子之
輿也容與猶容暇而

與也容與容暇而

安豫也與讀曰豫　以覽虖介山嗟文公而愍推兮勤

大禹於龍門　師古曰龍門山禹鑿之以通河水故勤勞之也　灑沈　集[illegible]灑消也

菑（灾字）於豁（十切呼括反）瀆（客）兮（獨）播九河於東瀕　師古曰灑分也菑古灾字

也沈灾洪水也豁開也瀆四瀆謂江河淮濟也播布也

九河名在地理志東瀕東海之瀕也言禹分泄洪水之灾

通之四瀆布散九河於東海之瀕也

灑音所宜反頻瀕又音賓　登歷觀而遙

望兮聊浮游以經營樂往昔之遺風兮

喜虞氏之所耕　師古曰舜耕歷山故云然也　瞰帝唐之

嵩高兮脈隆周之大寧　師古曰瞰脈皆視也帝唐堯也嵩亦高也　集作脈音莫革反

嵩高者謂孔子云巍巍乎唯天為大唯堯則之也一曰堯

曾遊於陽城故於嵩高山瞰其遺跡也大寧者詩大雅

云濟濟多士文王以寧也瞰　汨（于筆反　集音遅）低回而不能去兮

音口監反脈即覓字也

行睨（又也）陔下與彭城　應劭曰睨不正視也彭城項羽所都也晉灼曰陔下項羽敗處

行睨陔下與彭城所都也晋灼曰陔下項羽敗處

也師古曰旧注意也伍佪猶言俳佪也行且也意

且欲往覩也旧音于筆反睨音五系反濊南

巢之坎坷兮易豳岐之夷平李奇曰南巢桀敗處也易

樂也師古曰濊與濊同坎坷不平

貌也坎音口紺反坷音口賀反易音弋豉反乘翠龍而超河兮

陟西岳之嶢崝師古曰翠龍目天子所乘馬也西岳即華山也嶢崝謂嶕嶢而崝嶸也嶢音堯

崝音仕耕反雲霏霏而來迎兮澤滲灕而下降

師古曰霏古霏字霏霏雲起貌也澤雨露也滲灕流貌

也降下也滲音林灕音離降音胡江反也

鬱蕭條其幽藹兮滃汎沛以豐隆師古

曰皆雲雨之貌也滃音烏孔反

汎音敷劒反沛音普蓋反叱風伯於南北兮呵

雨師於西東師古曰言叱從命也參天地而獨立兮廓

盪盪其亡雙師古曰天地曰二儀王者大位與之合德故曰參天地之參言三也盪盪大

貌也遵逝虖歸來師古曰遵路而逝京師也以函夏之大漢兮

訓張曰彼仙人也

德故曰昦天地之昦言三也盪盪大

邈也遥逝摩歸来師古曰遵路而旋京師也以函夏之大漢兮訓張曰彼仙人也

彼曾何足與比功服虔曰函夏函諸夏也師古曰函苞容也彼謂堯舜殷周也函讀

與合同建乾坤之貞兆兮将悉総之以羣龍張晏曰乾之六爻悉稱龍也

麗鉤芒而驂蓐收兮服玄冥與祝融師古曰鉤芒東方神蓐收西方神也玄冥北方神也祝融南方神也麗竝駕也驂三馬也言皆役服之也

訓服曰車中者案詩国風云兩服上襄鄭玄以為兩服中央夹轅者孔子家語云兩驂刵兩服是也

敦衆神訓音七使式道兮奮六經以攄頌師古曰敦勉也式表也六經謂易詩書春秋禮樂也攄散也頌謂詩頌所以美盛德之形容也言發散其志而為歌頌也攄音丑於反頌讀曰容也

集廣云攄舒也言攄散其志者歌頌也

隃於穆之緝熙兮過清廟之雝雝師古曰周頌清廟之詩云於穆清廟肅雍顯相昊天有成命之詩曰於緝熙言漢德之盛皆過之也隃與踰同於讀曰烏也

軼五帝之遐迹兮躡三皇之高蹤師古曰軼亦過也音逸既發軔刃集字林云軔礙車也

於平盈兮誰謂路遠而不能從服虔曰軔止車之木将行

於平盈子誹謂路遠而不能從車之木将行
故發去之平盈之地與高下也師古曰軔音刃其十二月羽獵服虔曰士負羽也雄
察案穀梁傳以林屬於山曰林麓
從以為昔在二帝三王應劭曰堯舜夏殷周也宮館臺
榭沼池苑囿林麓訓音鹿藪澤財足以奉郊廟
集注鈔本及監云御待也當也
御賓客充庖廚而已師古曰財讀與纔同御待也當也不
奪百姓膏腴穀土桑柘之地女有餘布男
有餘粟國家殷富上下交足故甘露零
其庭醴泉流其唐應劭曰尒雅廟中路謂謂之唐鳳皇巢其
剬多作之或作於其
樹黄龍遊於沼麒麟臻其囿神爵棲其林
昔者禹任益虞而上下和卄木茂師古曰益臣名也任以為
虞虞主山澤之官也上山也下平地也卄古草字也成湯好田而天下用足文
王囿百里民以為尚小齊宣王囿卌里民以為

虞虞王　澤之官也上山也下平地也　卄古草字也

成湯好田而天下用足文王囿百里以為尚小齊宣王囿卌里民以為泰大裕民之與奪民也

師古曰裕饒也

武帝廣開上林東南至宜春鼎胡御宿昆吾

晉灼曰鼎胡宮黃圖以為在藍田昆吾地名也有高亭　師古曰宜春近下杜御宿在樊川西

語

旁南山而西至長楊五柞

師古曰旁音步浪反

北繞黃山瀕渭而東

師古曰循渭水涯而東也瀕音頻又音賓

周裹數百里

師古曰裹長也音茂

穿昆明池象滇河

師古曰滇音丁賢反

營建章鳳闕神明駁娑

孟康曰駁名也師古曰駁音先合反娑音先河反

漸子廉反臺泰液

師古曰漸臺在泰液池中漸浸也言為池水所浸也

象海水周流方丈瀛洲蓬萊

服虔曰海中三山名法效象之也

遊觀侈靡窮妙極麗雖頗割其三垂以贍齊民

師古曰贍給也齊人解在食貨志

然至羽獵田車戎馬

案漢百官表云御羞也如淳曰地名在藍田也揚雄謂之御宿宜音秀今土俗言樹然宿即為之轉聲明也律案三秦記云長安樊川南一名御宿漢武上林唯此為盛

案漢宮閣疏云駁娑宮集眼云般名也

遊觀侈靡窮妙極麗雖頗割其三垂以

贍齊民師古曰贍給也齊人解在食貨志然至羽獵田車戎馬

器械儲偫禁禦音語所營師古曰營謂圍守之也尚泰奢麗

夸詡師古曰詡大也音許羽反非堯舜成湯文王三驅之意

也師古曰三驅古射獵之等也一為乾豆二為賓客三為充君之庖也又恐後世復脩

集注云何休云三驅第一之殺也第二三驅之礼逢東趨己則舍之背己而走則射之迎其來而一皆不射所以失前禽三者三驅獵事也

前好不折中以泉臺服虔曰魯莊公築臺非禮也至文公毀之公羊譏云先祖為之而毀之勿居而已今揚雄以宮觀之盛非成帝所造勿脩而已當以泉臺折中之也故聊

因校獵賦以風師古曰校獵謂圍守禽獸而大獵也風讀曰諷也其辭曰

訓纂曰書或言伏羲神農之一豈獨迷惑不知効帝之奢靡乎張云犧羲農之儉豈哉不知梅時雅語云

或稱戲農豈或帝王之彌文師古曰說為或人云言儉質者皆攀伏戲神農為首是則豈謂後代帝王亦加文飾乎故論者答之於下也論者雄自謂也亦猶稍也諸家之釋皆不當意徒為煩雜故無所取

姚義云否不也

論者云否各亦並時而得宜奚必同

條而共貫師古曰所尚不必同也則泰山之封烏得七十而

訓服曰彷彿昧爽也張晏曰爽差也不差其優劣知其是非也

條而共貫 師古曰所尚不必同也 則泰山之封焉得七十而

有二儀 孟康曰言封禪各異也師古曰若不知是於何得七十二儀也 是以創業垂

統者俱不見其爽 集音現 遐迹五三孰知其是非 師古曰爽差也創業垂統皆無差忒五帝三王誰非誰是言文質政教各不同也 遂作頌曰麗哉

神聖處於玄宮富既與地乎侔訾貴正與天

乎比崇 師古曰頌漢德也玄宮言清靜也訾與貲同 齊桓曾不足使扶轂

楚嚴 莊 未足以為驂乘陿三王之阸 集陿小也集音嬌 嶭嶋高舉

而大興 師古曰嶭示僻字也嶋舉步貌也音去昭反也 歷五帝之寥廓涉

集華登高閎大也

三皇之登閎 師古曰寥廓空曠也登閎高遠也寥音聊 建道德以為

師友仁義與為朋於是玄冬季月天地隆

烈 師古曰北方色黑故曰玄冬隆烈者張氣盛也 萬物權輿於內徂落於

外 師古曰權輿始也徂落死也言草木萌牙 帝將惟田于

外師古曰權也〔輿始〕祖落死也言草木萌牙始生於內而支葉彫瘁死傷於外也帝將惟田于
靈之囿師古曰靈囿有靈德者之苑囿也詩大雅靈臺之篇曰王在靈囿開北垠受不
周之制孟康曰西北為不周風謂冬時也師古曰垠崖也音銀以終始顓頊玄冥
之統應劭曰顓頊玄冥皆北方之神主殺戮者也迺詔虞人典澤東
延昆鄰西馳閶闔張晏曰東至昆明之邊也師古曰昆明池邊也閶闔門名
集案輔舊事云武關內有閶門閶盍恐非也許慎注淮南云閶闔昆崙虛門名斯則昆池亦非也
也閶讀與閶同又音吐郎反儲積共偫戍卒夾道師古曰共讀曰供偫音丈紀反集音峙
斬叢棘夷野草師古曰夷平也禦自汧渭經十乃古段具文
營酆鎬應劭曰禦禁也師古曰將獵其中故以禁不得人行及獸出也汧渭以東酆鎬以西皆
為獵囿也章皇周流出入日月天與地沓師古曰章皇周流言迺遍也謂苑囿之大遠望日月皆從中出入而天地之際自然縣遠也說者乃以沓為沓解云重沓非唯乖理蓋亦失韻
集作沓云沓合
爾迺虎路三嵕以為司馬圍經百里而為

殿門晉灼曰路音落服虔曰以竹虎落此山也應劭曰外門為司馬門殿門在內也師古曰落謂以繩周繞之三嵕三峯聚之山也嵕音子公反外則正南極海邪界虞淵應劭曰虞淵日所入也

案集[illegible]嵕[illegible]峯也字林音[illegible]列反

鴻濛沆（胡朗反）茫（莽）碣以崇山師古曰鴻濛沆茫廣大貌也碣山特立貌也鴻音胡孔反濛音莫孔反沆音胡朗反茫音莽碣音竭

營合圍會然后先置虖白楊之南昆明靈沼之東張晏曰先置侯具於前也服虔曰白楊觀名也

賁育之倫蒙盾負羽杖鏌邪而羅者以萬計師古曰賁孟賁也育夏育也皆古之勇士也鏌邪大戟也羅遮禽獸也鏌音莫邪音弋奢反

其餘荷乗（垂）天之畢張竟埜之罘如淳曰乗天言長大如天之乗也師古曰畢田罔也罘麕車網也

集[illegible]張云為燕尾垂曰紛旗旒也

靡日月之朱竿曳彗星之飛旗

案集[illegible]曰繯結[illegible]繩集曰繯音[illegible]反

青雲為紛紅蜺為繯（下犬反）屬之虖昆侖之虛師古曰紛旒也繯系也屬綴也昆侖西極之山也繯音下犬反屬音之欲反虛讀曰墟

師古曰天星

案業許国風云其闉閣傳曰闉曲城也說文以為城曲重門

據渙若天星之羅浩如濤水之波 師古曰天星之羅言布列也濤水之波言廣大也

淫淫與與前後要遮 師古曰淫淫與與往來皃也

欃為闉〔集音因〕明月為候 孟康曰闉戰鬪自障蔽如城門外女垣也

熒或司命天弧發射 張晏曰熒或法使司不祥天弧處上二星也

鮮扁陸離 集姚若云鮮當為先 先蕭音先音鮮譜 依字

案業鮮當為先古字元假借在左 傳云鄭原鮮 譙以中軍奉 與麗之 立旃領以為司 五更乘為偏以軍前 以之盡與 麗陳注案鮮譜 依字

集事云佖塞也

駢衍佖路 師古曰鮮扁輕疾皃也駢衍言其並而廣大也佖次比也一曰滿也扁音篇駢音步千反佖音頫一反又疌結也

案業埤蒼云絧相通

徽車輕武鴻絧緁獵 師古曰徽車有徽幟之鴻車也絧直馳皃緁獵相差次也鴻音胡孔反絧音徒孔反緁音捷

殷殷軫軫被陵緣阪窮冥極遠者相與迾虖高原之上 師古曰殷軫盛也冥幽深也殷讀曰隱

案業昈當從邑楚辭邑七騎之容々王逸以為群騎分布列前相如後傳云邑從横其義 集應云昈大也晉曰謂連兒為處昈應說是也

羽騎營營昈分殊事 蘇林曰昈明也師古曰營營周旋皃也言其服飾分明各殊異昈也音户

繽紛往來轠〔音雷〕轤不絕若光若滅者布乎青林之下 孟康曰轠轤連屬皃也如淳曰轠音雷轤音盧師古曰繽紛眾疾也轠轤眾轉也

古朝字

集䨮旦……之白席

訓……

集如云香馳來施讀如字

集從走負

訓張曰切近也神光宮名

也輼轤環轉也繽音近人反　於是天子乃以陽晁（古朝字）始出孛

玄宮　師古曰陽朝日出之後也北方之宮故曰玄宮也　撞鴻鍾建九

流六白虎載靈輿蚩尤並轂蒙公先驅（集如云髭頭也……）

服虔曰蒙公蒙恬也孟康曰神名也師古曰服說是也並音步浪反　立歷天之旂曳捎

星之旂　師古曰歷經也捎猶拂也歷天捎雲言其高也捎音所交反　辟歷（集音秋反）列缺

吐火施鞭　應劭曰辟歷雷也列缺天隙電照也師古曰言爟火之耀及馳騎舊鞭如電吐光又象其疾也

萃（集音悴　小譯反）從（先勇反　余諫反）允（音勇）溶淋離廓落戲（集也丘危反）八鎮而開關

應劭曰四方四隅為八鎮如淳曰不言九者一鎮在中天子居之故也師古曰戲讀曰麾讀謂指麾八鎮使之開關也從音先勇反又音叢溶音容也

飛廉雲師吸嚊（許冀反）潚（集音肅）率（集又音律）鱗羅布

列攢以龍翰　師古曰吸嚊開張也潚率聚斂也言布列則如魚鱗之羅攢聚則如龍之翰也嚊音許冀反潚音肅翰合韻音韓

秋秋蹌蹌入西園切神

師古曰秋秋蹌蹌騰驤之貌也切神光者言車之衆飾

光師古曰秋秋蹌蹌騰驤之貌也切神光者言車之衆飾相切摩而光起有若神也蹌音千羊反望

熒集音...反惠圃踐蘭唐師古曰惠圃惠草之圃也蘭唐陂唐之上多生蘭也舉熢

列火轡者施披師古曰轡者御人執轡者也方馳千駟校騎集音作狡云狡健之騎蕭音效

萬師帥師古曰方馳並驅也校騎騎而為部校者也

虓火交反虎之陳從橫膠

輵集音葛猋泣雷集力含反厲驞駍普萌反駖力莖反磕集音磕服虔曰虓音哮鄧展曰泣音粒師古曰哮武之陳謂勇士奮怒狀如猛獸而為行陳也泣泣猋風疾貌也驞駍駖磕聲衆盛也哮音火交反輵音葛驞音近人反駍音普萌反駖音力莖反磕音口蓋反

訓說文云洶涌也

洶洶旭旭天動地岋蘇林曰岋音岋訓纂曰岋動皃 疑反岋動搖之岋師古曰洶音匈岋音五合反

集音散

羨漫半散蕭條數千里外師古曰羨音弋戰反

若夫壯士忼慨殊鄉別趣東西師古曰鄉讀曰嚮

南北騁耆奔欲大樹反師古曰言隨其所欲而各馳騁耶之也耆讀曰嗜欲合韻弋樹反拖

訓集並張晏之說文云蹶僵也集犛狀駟之蹶猶挫也

蒼豨跋犀犛集力之反蹶集期月反浮麋張晏曰跋蹋也鄭氏曰蹶音馬蹄蹶之蹶師古曰拖曳也跋反庚也蹶蹵也浮麋

素裴駰云蹶猶推也

日拋电也跋叉废也蹶蹵也浮麋

水上浮者也拋音伯跋音步末反 斮巨狿摶玄蝯

師古曰斮斬也狿獸名也解在 騰空虛歫連卷 張晏

司馬相如傳斮音側略反 曰連

集萊王音踔蹻也

卷之木也師古曰歫即

距字也卷音拳反 踔夭蟜娭澗間 師古曰踔走

集蹻也吐釣反 集其趙反

枝曲也娭戲也踔音丑孝反又音 也夭蟜亦木

徒釣反蟜音蟜娭音許其反 莫莫紛紛山谷為

之風猋林叢為之生塵 及 師古曰莫莫塵埃貌也紛紛亂起貌也

訓纂曰獲為獲之倫也

至獲夷之徒蹶松柏掌疾棃 服虔曰獲夷能 獲夷伏者也師古

古曰掌以掌擊之也 獵蒙蘢轔輕飛 師古曰蒙蘢草木所蒙

服虔蒙蘢草

蔽處也轔轢也輕飛猶言輕禽

履般首帶脩蛇 如淳曰般音班 之班首虎之類

也轔音吝 也師古曰履謂踐履之

也脩長也 鉤赤豹摼象犀 師古曰摼 古牽字也

集拕也苦耕閒

跇巒阬超唐 集蕭音豬也反

訓纂曰跇踰也

師古曰跇渡也巒阬並解於上唐陂陂

陂之有堤唐者也阬音罡跇音弋制反也 車騎雲會

登降闇藹 師古曰闇 藹音烏感反 泰華為旒熊耳為綴

集孝曰董五(?)昌五綴也

師古曰流旌旗之流 木仆山還漫若天外 如淳曰還

師古曰流旌旗之流也綴所以縣旌者也

木仆集韻也山還還湯若天外

如淳曰還音旋言山爲之迴旋也

儲與乎大溥舊聊浪集音琅乎宇内

服虔曰儲與相羊也溥水崖也師古曰聊浪言遊放也與音餘溥音普浪音琅反

於是天清日晏

師古曰晏無雲也

集音漬又音未計反

逢蒙列眥羿五計反氏控弦

師古曰逢蒙及羿皆古善射者也列勢也控引也

皇車幽輵光純天地

李奇曰純緣也師古曰幽輵車聲也輵音一轄反純音之允反

望舒彌轡

師古曰望舒月御也彌斂也言天子之車斂轡徐行故假望舒爲言耳彌音莫尒反

翼乎徐至於上蘭

晉灼曰上蘭觀在上林中

移圍

訓那日邑駮名上蒼觀也

集妣云漫淫漸并也

徙陳浸淫蹵部

師古曰部軍之部校也言稍衆遍而重也蹵音子育反

曲

訓長佞反集音直對反

隊堅重各案行伍

集音直龍反字或作衝宝古曲字也

師古曰隊亦部也案依也隊音徒内反行音胡郎反

壁壘天旋神抶電擊

師古曰言所抶擊如鬼神及雷電也抶音丑乙反

逢之則碎近之則破鳥不及飛獸不得過軍

師古曰言殺獲皆盡無

驚師駭刮野掃地 師古曰言殺獲皆盡無遺餘也掃音先早反 至

訓集注鄭氏曰罕岸也 日罕畢也解已見相如傳

罕車飛揚武騎聿皇 師古曰罕畢車之罕之車也聿皇疾貌也 蹈

訓集注山海内經云之面黒身之高誘注南以為梟楊山精

飛貌絹嘄陽 訓云縣反 師古曰嘄陽費費也人面黒身有毛反踵見人則笑脣蔽其目絹音工犬反嘄音工鄉反費音扶味反

追天寶出一方 應劭曰天寶陳寶也晉灼曰天寶雞頭而人身也

應騁聲擊流光𡈼盡山窮囊括其雌雄 如淳曰陳寶神來下時騁然有聲又有光精也應劭曰下時窮極山川天地之間然後得其雌雄也師古曰雄在陳倉雌在南陽故云𡈼盡山窮也騁音並萌反也

沇 集余水反 沇容容遥噱𠪚紭中 晉灼曰口内之上下名為噱言禽獸奔走倦極皆遥張噱吐舌於紭网之中也師古曰噱音其略反紭古紘字

三軍芒然窮冘 冘之淫 集而腫反 閼與 孟康曰冘行也閼止也言三軍之盛窮閼禽獸使不得逸者也晉灼曰閼與容與貌也師古曰閼與容暇之貌也芒音莫郎反冘音淫閼音於虞反與音豫

亶觀夫票 集公消反 禽之紲 七列反 隃犀兕之抵觸熊羆之挐 女居反 攫

集丘消反

攫集居縛反虎豹之淩遽師古曰亶讀曰但票禽輕疾之禽也紲跇紲與跇同跇度也隃與蹴同挐牽引也攫搏持之也淩戰慄也遽惶遽也票音頻妙反又近妙反跇音弋制反觸合韻音呂樹反挐音女居反攫

引持也訓字林余叉反加叉

音鑺遽音詎

案業小雅之題顛也李軌等本作頭説文以題為額也

徒角搶題注蹙竦讋怖魂亡魄失師古曰徒亦但也搶猶刺也題額也脰頸也

觸輻關脰言衆獸迫急以角搶地以額注地或自觸車輻闌頸而死也搶音千羊反蹴音子育反脰音豆

妄發期中進退履獲集案賈逵云期猶必師古曰言矢雖妄發而必有中進則履之退則獲之也

創淫輪夷丘累訓張曰淫過也夷平也言獸被創過与輪平也師古曰淫過也夷平也言創傷過大血流平

陵聚集案李云在喩又又知字於車輪也丘累陵聚言其積多也於是

禽殫中衰師古曰殫盡也中射中也音竹仲反相與集於靖冥之

集張云極高之台也

館以臨珍池晉灼曰靖冥深閑之館也服虔曰池山下之池也灌以岐梁溢

以江河晉灼曰梁梁山也東瞰目盡西暢亡厓集崖也師古曰瞰視也目盡極望也無厓言其廣遠也

案史記云周大王御踰梁山止於岐下此山近在岐好畤縣北五里晉望梁山在夏陽縣西北臨河非此也

隨珠和氏焯雀爍其陂師古曰焯古灼字也焯之爍光貌也爍音[illegible]

師古曰玉石石之似

貌也爍音式藥反玉石嶜崟眩燿青熒師古曰玉石之似王者嶜崟高銳貌

也青熒言其色青而有光熒也嶜音仕林反崟音牛林反漢女水潛怪物暗冥集一感反

應劭曰漢女鄭交甫所逢二女也亦大珠大如莉雞子師古曰不可揮形不能盡其形不可揮刑

狀也玄鸛孔雀翡翠垂榮師古曰言其毛羽有光華也王雎關關

如菜毛詩鳥獸疏云鴡鷄形似鵠之

鴻鴈嚶嚶師古曰王雎雎鳩也關關和聲也嚶嚶相命也嚶音於莖反群娛乎

其中唯唯昆鳴集在追反集世昆鵾鳴也師古曰娛戲也昆同也娛音許其反唯音子由反也鳧鷖振

鷺上下砰磕聲若雷霆師古曰鳧小鳧即今之野鴨也鷖鳧屬也大雅曰鷺白鳥也振

鳧鷖在涇周頌曰振鷺于飛三者皆水鳥也言其群飛上下翅翼之聲若雷霆也鷖音烏奚反砰音普萌反也

言振羽翼而飛也

乃使文身之枝水格鱗蟲服虔曰文身越人也能入水取物淩

堅冰犯嚴淵探巖排碕薄索蛟螭集蕭音來菸反師古曰嚴言不

可犯也嚴水岸嶔巖之處也碕曲岸也

薄迫也索搜求也碕音鉅依反嶔音口銜反蹈獱獺打丈亂也

七元反徒何反蘇林曰獱音賓師古曰獺形如狗在七隨反

集注郭璞東山經注云嵩蠵甲有文集似瑇瑁而薄也

黿鼉 蘇林曰獱音賓師古曰獺形如狗在 挂蠵 訓䑓云挂漆也
水中食魚獱小獺也獺音他曷反
鄭氏曰挂音徃應劭曰蠵大龜也雄曰毒冒雌曰觜蠵師
古曰挂袍乘也又音桂蠵音弋隨反又音觿也

集注郭璞注山經云洞庭潛穴通江

入洞穴出蒼梧 晉灼曰洞穴禹穴也師古曰洞通也 乘鉅鱗騎京魚
師古曰京大也或讀 浮彭蠡目有虞 應劭曰彭
為鯨鯨亦大魚耳 彭蠡大澤在
豫章師古曰目猶視也望也有虞
謂舜也舜陵方在江南言遥望之也 方椎夜光之
流離剖明月之珠胎 師古曰珠在路中若懷任 察集相如傳云明月珠子司馬彪注云明月珠蚌蛤子許慎注淮南云夜光之珠有似月故曰明月
然故謂之胎也椎音直隹反 月
又其字從木也 鞭洛水之宓妃餉屈原与彭胥 師
日彭咸胥伍子胥皆 古
水死者也宓讀曰伏 於茲虖鴻生鉅儒俄軒 訓服云車日俄御也車有蕃曰軒
冕雜衣裳 師古曰俄俄陳舉之貌也雜
者言衣與裳皆殊色也 脩唐典匡
雅頌揖讓於前 師古曰匡正也 昭光振燿蠁曶如
神 師古曰蠁與響同曶与忽同 仁聲惠於北狄武誼動於
師古曰南方有金鄰之国極

訓云獻珍物曰珍獻食物曰享

南鄰 師古曰南方有金鄰之国極遠者也故云南鄰一曰鄰邑也 是以掩裘之王

胡貉之長移珍來享抗手稱臣 如淳曰以物與人曰移師

古曰貉東北夷也享獻也抗舉也舉手者言其肅恭合掌而拜也貉音莫白反 前入圍口後

陳盧山 孟康曰單于遣南山也 羣公常伯陽朱墨翟 集作楊 集本圍字謂職圍也

之徒 師古曰常伯侍中也解在谷永傳楊朱墨翟取古賢以為喻也 喟然稱曰 師古

曰喟歎息也音丘位反 崇哉乎德雖有唐虞大夏成

周之隆何以侈茲夫古之覲東嶽禪梁

基舍此世也其誰与哉上猶謙讓而未俞

也 張晏曰俞然也師古曰俞音踰 方將上獵三靈之流下決醴泉

之滋 如淳曰三靈日月星垂象之應也師古曰流者言其和依下流也 發黃龍之穴

窺鳳皇之巢臨麒麟之囿幸神雀之林奢

雲夢侈孟者 師古曰雲夢楚藪澤名也春秋昭公三

雲夢侈盍諸[師古曰雲夢楚藪澤名也春秋昭公三年楚靈王与鄭伯田于江南之夢盍諸宋藪澤也文公十年楚穆王欲伐宋昭公導以田盍諸言今皆以二者為奢侈而改之也]非章華是靈臺[師古曰言以楚靈王章華之臺為非而周文王靈臺之制為是也]罕徂離宮而輟觀游[師古曰罕希也徂往也輟止也]土事不飾木功不彫丞巳農乎桑[師古曰丞奉也]勸之以弗迨儕男女使莫違[師古曰儕耦也違謂失昏姻之時也儕音仕階反]恐貧窮者不徧被洋溢之饒開禁苑散公儲創道德之囿弘仁惠之虞[師古曰虞與娛同]馳弋乎神明之囿覽觀乎羣臣之有亡放雉兔收罝[子余反]罘麋鹿芻蕘與百姓共之[師古曰芻所以飤牛馬也蕘草薪也]蓋所以臻茲也於是醇洪鬯之德豐茂世之規[師古曰洪大也鬯與

揚雄傳第五十七

因田軼還衡　集蕭章麃師古曰軼輿後橫木也衡轅前橫木也
賢聖之業未皇菀囿之麗游獵之靡也　師古
祇莊雝穆之徒　集殷祀師古曰祇莊敬也雝穆和也　立君臣之節崇
暢同暢通也　加勞三皇勖勤五帝不亦至乎弓
日咲大也　盜興

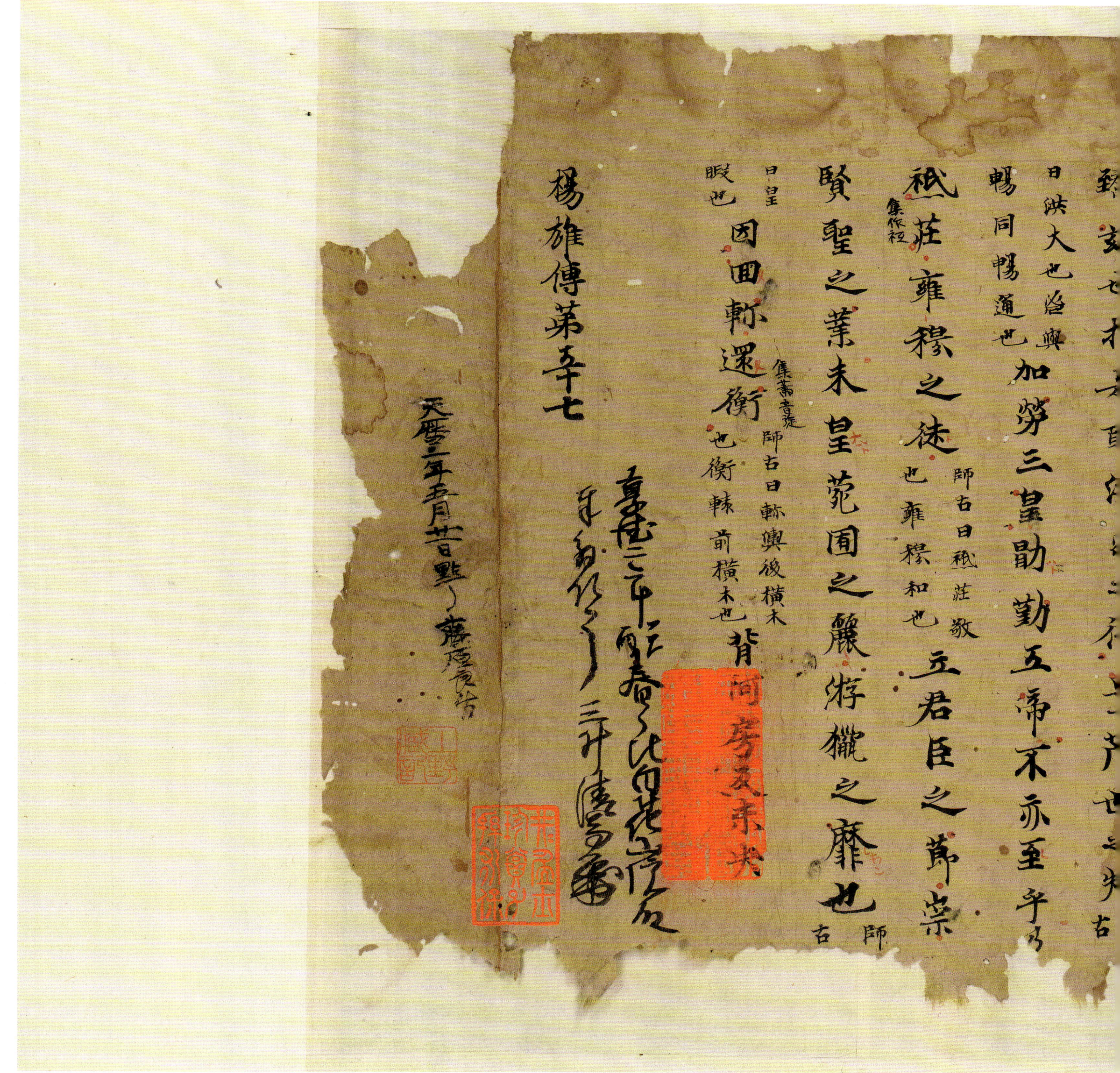

巻姿（75％縮小）

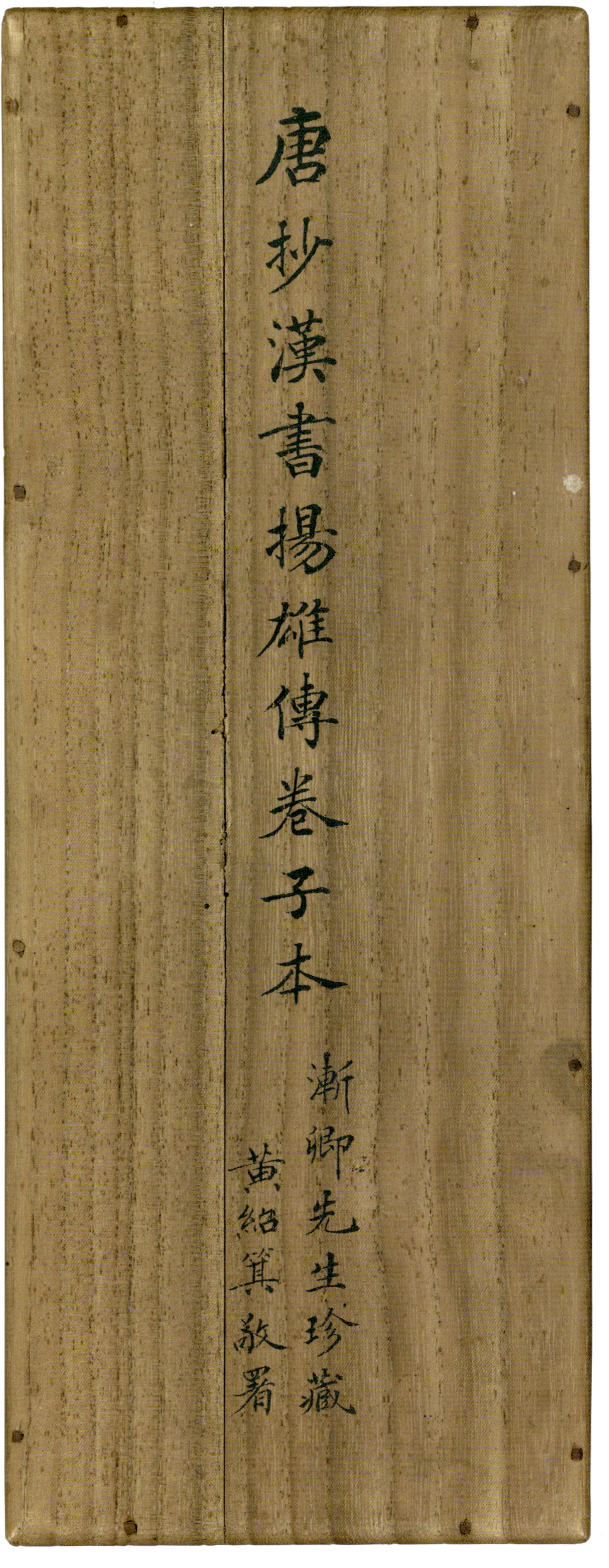

外函（62％縮小）

内函（62％縮小）

解題

書誌解題

上杉智英（京都国立博物館学芸部美術室研究員）

はじめに

現在、一般に目にする『漢書』と言えば、初唐の学者である顔師古（五八一―六四五）が校注を施した所謂「顔師古注本」であり、京都国立博物館が所蔵する国宝『漢書』楊雄伝巻第五十七もこの顔師古注本である。本解題では、顔師古注本の成立と本朝への将来を概観した上で、京都国立博物館蔵本の書誌情報を紹介する。

一、顔師古注本

中国の正史、二十四史の一つとされる『漢書』一〇〇巻は後漢の文人、班固（三二―九二）の撰。(1) 建初年間（七六―八四）の成立。前漢の高祖より王莽の地皇四年までの二二九年間（紀元前二〇六―後二三）の史事を紀伝体にて記す断代史。帝紀一二巻・表八巻・志一〇巻・列伝七〇巻より成る。

『後漢書』班固伝には、「當世その書を甚だ重んじ、学者で諷誦せざるはなし」(2)と、『漢書』が成立以来、重んじられ諷誦されたことが述べられている。三国時代には『史記』『東観漢記』と共に「三史」と称され、(3)また、「漢時の司馬遷、班固は咸な命世の大才、撰する所は精妙にして六経と倶に伝わる」(4)と、六経（詩・書・礼・楽・易・春秋）とも同列の扱いを受けている。

このように早くより重視されつつ、また古字が多く、(5)難読であった為か、(6)古来、多くの注釈書が著されてきた。『隋書』経籍志にみられる十八点を時代別に列べると以下の通り。(7)

【後漢】

漢書音訓一巻　服虔撰

【三国】

漢書音義七巻　呉　韋昭撰

論前漢事一巻　蜀　丞相諸葛亮撰

【西晋・東晋】

漢書集注十三巻　晋灼撰

漢書集解音義二十四巻　応劭撰

漢書駁議二巻　晋安北将軍劉宝撰

漢書一百一十五巻　漢護軍班固撰　太山太守応劭等集解（蔡謨『漢書集解』）(8)

【南朝】

漢書注一巻　斉金紫光禄大夫陸澄撰

漢疏四巻　梁有漢書猛康音九巻、劉孝標注漢書一百四十巻、

　陸澄注漢書一百二巻、梁元帝注漢書一百一十五巻、並亡。

漢書続訓三巻　梁平北諮議参軍韋稜撰

漢書音二巻　梁尋陽太守劉顯撰

漢書訓纂三十巻　陳吏部尚書姚察撰

漢書集解一巻　姚察撰

定漢書疑二巻　姚察撰

【隋】

漢書音義十二巻　国子博士蕭該撰

漢書音十二巻　廃太子勇命包愷等撰

漢書音二巻　夏候詠撰

漢書叙伝五巻　項岱撰

『漢書』一〇〇巻に対し、『漢書集注』一三巻、『漢書集解音義』二四巻等、注釈書の巻数が少ないのは、正文より注釈対象の語句を摘出し、それに注解の文章を附した標字列注本の為である。これに対し、東晋の蔡謨（二八一－三五六）の『漢書集解』一一五巻は、「蔡謨は臣瓚一部を全取し『漢書』に散入す。これ以来、有注本始まる」(9)と評されるように、先行する臣瓚『漢書集解音義』二四巻を『漢書』正文中に配した、初めての夾注本である。本書は、初唐の貞観五年（六三一）に成立した『群書治要』にも引用されており、(10)永らく『漢書』

の標準本とされた[11]。この蔡謨『漢書集解』を批判し、新たな標準本となったのが、皇太子李承乾（六一八―六四五）の命により貞観十五年（六四一）に成立した顔師古（五八一―六四五）校注本一二〇巻である。

顔師古は、『旧唐書』巻七十三、顔師古伝に、「顔籀、字は師古、雍州萬年の人、斉の黄門侍郎之推の孫也[12]」と記されるよう、『顔氏家訓』で知られる顔之推（五三一―？）の孫にあたる。顔之推の第三子、師古の叔父である顔遊秦には『漢書』の注釈書である『漢書決疑』一二巻の著述があり、学問を重視する顔氏の家風が伺える。同じく師古伝には、「師古、少くして家業を伝え、群書を博覧し、尤も詁訓に精しく、善く文を屬す[13]」と、師古も若くしてその家風を受け継いだことが述べられている。

顔師古注本は、当時、標準本であった蔡謨『漢書集解』一一五巻の分巻に基づきつつ、更に巻五十七司馬相如列伝、巻六十四厳朱吾丘主徐厳王賈列伝、巻八十七揚雄列伝、巻九十六西域列伝、巻百叙伝をそれぞれ上下に分け一二〇巻と為した。ただし、顔師古は『漢書敍例』において蔡謨『漢書集解』に対し、以下のように厳しく批判している。

> 蔡謨は臣瓚注一部すべてをとって漢書本文の中にばらまいた。これ以後、はじめて注本があらわれたのである。だが考えは浮薄、仕事はいい加減で、慎重な点検を加えず、編纂は破綻を示し、錯乱のところはまことに多い。ときには本文を切り離して辞句をへだててしまっているしまつだ。穿鑿の説がみだりにおこってきたのは、まったくもってこのせいであって、注を施さぬ以前とまるで面目が変わってしまった。蔡謨みずからも二、三箇所に意見を加えているが、学者にはまったく役に立たない[14]。

東晋の蔡謨『漢書集解』は、西晋の巨瓚『漢書集解音義』を全面的に踏襲し、正文に夾注するものであった。その為、そこに引用される注釈の殆どは巨瓚が引く十八家と、巨瓚の注とであった。それに対し、顔師古は荀悦、服虔、應劭、伏儼、劉德、鄭氏、李斐、李奇、鄧展、文穎、張揖、蘇林、張晏、如淳、孟康、項昭、韋昭、晉灼、劉寶、臣瓚、郭璞、蔡謨、崔浩の二十三家を『漢書敍例』に挙げている[15]。また、顔師古の批判は、注釈の内容に留まらず、注本であるが故に起こった本文の不当な割裂にも及び、これを『漢書』正文を改変するものであり、様々な謬説を生み出す原因として糾弾している。上述の文に続けて、師古は自身の態度を以下のように表明する。

> 漢書の旧文には多く古体字が存するが、注釈がくわえられるにいたってしばしば書きあらためられ、後世のものは習慣的な読みぐせから意を削ったり改めたりしている。伝写がくりかえされればされる

ほどますます鄙俗になった。いまは古いテキストをつぶさに調べて真正なすがたに帰し、一読しただけではわからない文字について、すべてひとつひとつ解釈することとする。[16]

このように顔師古の基本的態度は訓詁の学であり、『漢書』正文に対して校勘を行うものであった。内容を解釈する場合も、『史記』や『文選』等、他書によるのではなく、可能なかぎり『漢書』で解釈しようとするものであり、[17]その態度より、「班孟堅（班固）の忠臣」[18]と称された。こうして『漢書』正文を校訂した上で、先行する諸注釈を取捨選択し、自説を加えた顔師古注本は次第に普及し、盛唐の頃には蔡謨『漢書集解』に代わって『漢書』の標準本となったと考えられる。[19]このような標準本変遷の反映として敦煌出土の『漢書』には、蔡謨『漢書集解』と顔師古注本の両者がみられる。[20]

二、本朝における『漢書』の将来

本朝における『漢書』の将来時期は定かではないが、正倉院伝来の写経所文書には、天平二年（七三〇）七月四日「写書雑用帳」に「漢書表紙九十帳」「漢書枚替分紙百卅張」「漢書分余紙九十五張」とあり、[21]また天平四年（七三二）八月十日頃と推定される図書寮宛[22]「皇后宮職移」に「漢書二帙五巻紙一百六十六」[23]、天平五年（七三三）八月十一日「皇后宮職移」には「漢書六巻一百卌張」とある。[24]

これらが、班固『漢書』無注本、蔡謨『漢書集解』、顔師古注本、或いはそれ以外の注本であるかは判断できないが、天平二年（七三〇）には既に『漢書』が将来されていたことが確認できる。なお、養老四年（七二〇）成立の『日本書紀』に『漢書』の引用が指摘されているが、[25]それらは『漢書』からの直接の引用ではなく、類書による孫引きの蓋然性が高いことが指摘されている。[26]

実際に『漢書』を修学した記録としては、遣唐留学生であった吉備真備（六九五―七七五）が、在唐期間中（七一七―七三五）に『漢書』を含む三史を学んだと伝えられ、[27]天平七年（七三五）の帰朝後には、皇太子阿倍内親王（後の孝謙・称徳天皇）に『礼記』と『漢書』を教授し、[28]学生四〇〇人に五経三史を学ばせたことが伝えられている。[29]この吉備真備による三史将来が、後に紀伝道として結実する紀伝科創始の契機であったとされる。[30]

遣唐使の派遣期間（六三〇―八三八）は、貞観十五年（六四一）の顔師古注本の成立と、それに伴う蔡謨『漢書集解』から顔師古注本への標準本の移行期を含むものであり、その持ち帰った『漢書』は、蔡謨『漢書集解』と顔師古注本の両者が想定される。平安時代、寛平年間（八八九―八九八）に藤原佐世が撰した漢籍の現存目録『日本国見在書目録』十一正史家には、『漢書』とその注釈書として下記の十二部が掲載される。[31]

漢書百十五巻　漢護軍班固撰　太山守応劭集解（蔡謨『漢書集解』[32]）
漢書百二十巻　唐秘書監顔師古注
々々音義十二巻　隋国子博士蕭該撰
々々音十二巻　隋廃太子男令包愷等撰（ママ）
々々訓纂卅巻　陳吏部尚書姚察撰
々々音義三巻
々々音義十三巻　顔師古
々々古今集義廿巻　顔胤撰（ママ）
々々問答十巻　沈遵行撰
々々序例一巻　顔師古撰
々々賛九巻
々々私記七巻

これによれば、平安前期には『漢書』として、蔡謨『漢書集解』一一五巻（漢書百十五巻　漢護軍班固撰　太山守応劭集解）と顔師古注本一二〇巻が並存していたことが知られる。ただし、蔡謨『漢書集解』の流布を裏付ける諸書の引用は確認できず、また、『二中歴』巻十一経史歴にみられる『漢書』の巻数と目録は、顔師古注本のそれとなっており、[33]平安時代後期には『漢書』の標準本として顔師古注本が流布していたと考えられる。

実際に『漢書』の遺例よりみると、蔡謨『漢書集解』一一五巻は現存しておらず、文化財指定されている『漢書』鈔本は、以下の通りいずれも顔師古注本となっている。[34]

【唐鈔本】

国宝『漢書』楊雄伝巻第五十七　一巻　京都国立博物館

【奈良時代鈔本】

国宝『漢書』食貨志第四　一巻　名古屋　宝生院
国宝『漢書』高帝紀下・列伝第四残巻　二巻　滋賀　石山寺
重要文化財『漢書』周勃伝残欠　一巻　和歌山　高野山大明王院

これら日本における顔師古注本の遺例の内、唯一の唐鈔本が京都国立博物館蔵、国宝『漢書』楊雄伝巻第五十七である。

三、京都国立博物館蔵　国宝『漢書』楊雄伝巻第五十七　書誌情報

本書は『漢書』顔師古注本。『漢書』正文に顔師古注を小字双行で附す夾注本。紙本墨書。巻子本。一巻。縦二七・五cm　全長一三八五・四cm。巻首を欠く残巻二十六紙。各紙の紙幅・行数は以下の通り。

紙	紙幅	行数	紙	紙幅	行数
第一紙	一二・八cm	五行	第十四紙	五七・一cm	二十三行
第二紙	五七・〇cm	二十三行	第十五紙	五七・三cm	二十三行
第三紙	五七・一cm	二十三行	第十六紙	五七・二cm	二十三行
第四紙	五七・〇cm	二十三行	第十七紙	五七・二cm	二十三行
第五紙	五七・二cm	二十三行	第十八紙	五七・一cm	二十三行
第六紙	五七・一cm	二十三行	第十九紙	五七・一cm	二十三行
第七紙	五七・三cm	二十三行	第二十紙	五六・五cm	二十三行
第八紙	五七・二cm	二十三行	第二十一紙	五六・四cm	二十三行
第九紙	五七・三cm	二十三行	第二十二紙	五六・六cm	二十三行
第十紙	五七・三cm	二十三行	第二十三紙	五六・五cm	二十三行
第十一紙	五七・二cm	二十三行	第二十四紙	五六・四cm	二十三行
第十二紙	五七・三cm	二十三行	第二十五紙	五六・二cm	二十三行
第十三紙	五七・二cm	二十三行	第二十六紙	四・八cm	一行（加点奥書）

一紙は二十三行。淡墨界。界高二一・四cm。界幅二・五cm前後。天界三・三cm。地界二・八cm。一行十六字前後（十四～十八字）。紙背の利用はなし。

一、巻首欠損部分

本文は「反離騒、其辞曰」から巻末「昔阿房反未央」までが残存。尾題は「揚雄傳第五十七」とするが、内容は宋版慶元刊本『漢書』巻八十七上、揚雄伝第五十七上に相当し、文人・学者である揚雄（紀元前五三–一八）の賦「反離騒」「甘泉賦」「河東賦」「校猟賦」を収録する。

欠損部分を宋版慶元刊本で示すと、第一丁から第二丁左、七―八行目「畔牢愁廣騷文多不載獨載」に相当し、およそ一丁と十七行、行数にして三十七行と一文字を欠いている。

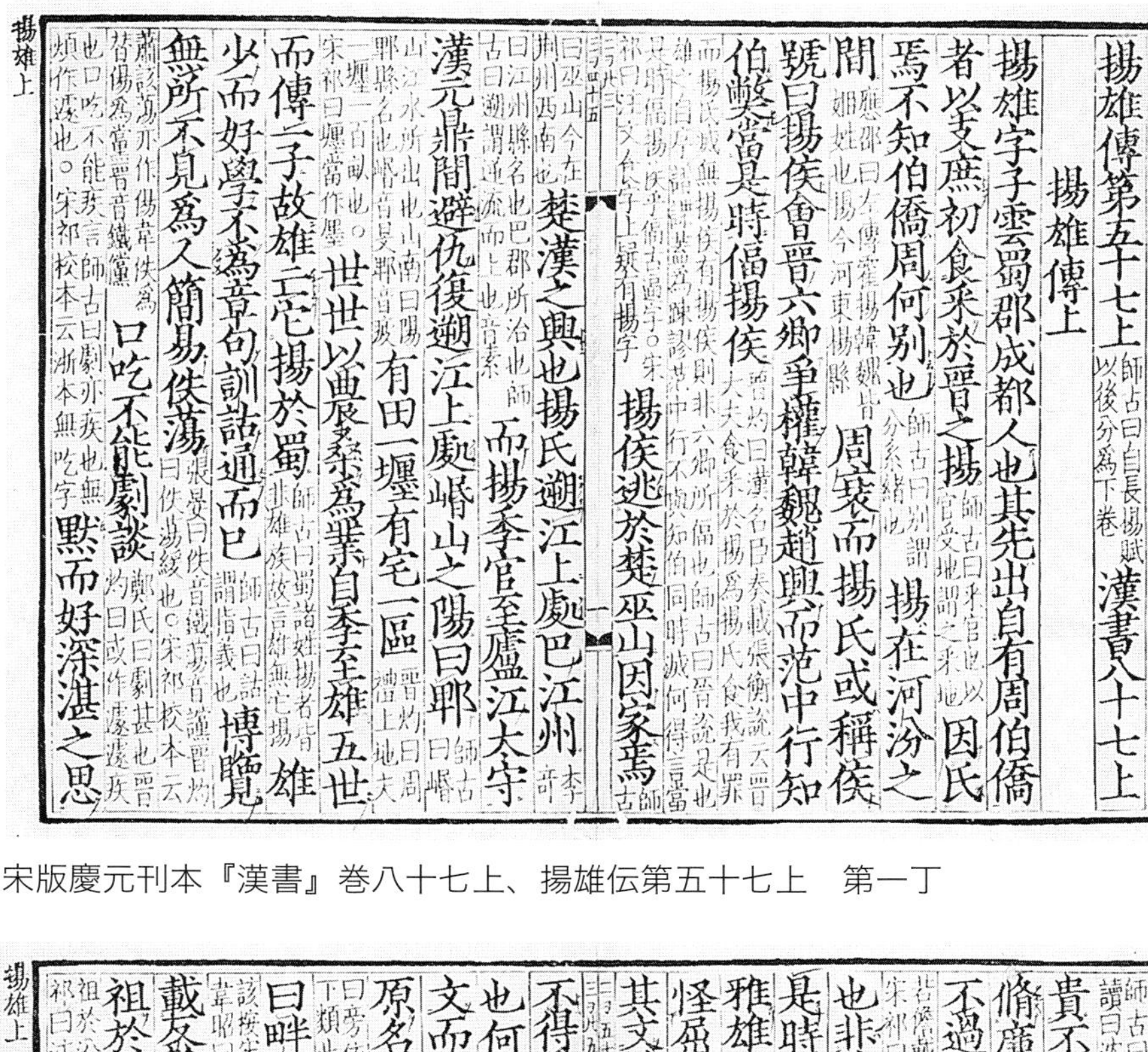

揚雄傳第五十七上　漢書八十七上
揚雄傳上
揚雄字子雲蜀郡成都人也其先出自有周伯僑
者以支庶初食采於晉之揚　因氏
焉不知伯僑周何別也　揚在河汾之
閒　周衰而揚氏或稱侯
號曰揚侯會晉六卿爭權韓魏趙興而范中行知
伯弊當是時偪揚侯
揚侯逃於楚巫山因家焉
楚漢之興也揚氏遡江上處巴江州
而揚季官至廬江太守
漢元鼎間避仇復遡江上處峨山之陽曰郫
有田一壥有宅一區
世世以農桑爲業自季至雄五世
而傳一子故雄亡它揚於蜀　雄
少而好學不爲章句訓詁通而已　博覽
無所不見爲人簡易佚蕩
口吃不能劇談
默而好深湛之思

宋版慶元刊本『漢書』巻八十七上、揚雄伝第五十七上　第一丁

清靜亡爲少耆欲　不汲汲於富
貴不戚戚於貧賤　不
脩廉隅以徼名當世　家產
不過十金乏無儋石之儲晏如也
自有大度非聖哲之書不好
也非其意雖富貴不事也顧嘗好辭賦
先是時蜀有司馬相如作賦甚弘麗溫
雅雄心壯之每作賦常擬之以爲式　又
怪屈原文過相如至不容作離騷自投江而死悲
其文讀之未嘗不流涕也以爲君子得時則大行
不得時則龍蛇　遇不遇命
也何必湛身哉　迺作書往往摭離騷
文而反之　自峨山投諸江流以弔屈
原名曰反離騷　又旁離騷作重一篇名曰廣騷
又旁惜誦以下至懷沙一卷名
曰畔牢愁　畔牢愁廣騷文多不載獨
載反離騷　其辭曰有周氏之蟬嫣兮或鼻
祖於汾隅　靈宗初諜伯僑兮流于

宋版慶元刊本『漢書』巻八十七上、揚雄伝第五十七上　第二丁
（『漢書』慶元刊本、1151・1152頁より転載）

慶元刊本『漢書』には、宋の宋祁（九九八―一〇六一）による注文が新たに加えられている為、それら注文を欠損部該当箇所から除き、字詰めを十六字前後に改めた「復原本文」三十九行は以下の通り。

「復原本文」最終行第39行「多不載獨載」は、現存第一紙第1行の「反離騷其辭曰」へと接続するため、最終行第39行の地界よりに位置する筈であり、「復原本文」の字詰めが正確で無いことは明白である。ただ、現存第一紙は残存五行であり、その欠損行数は、一紙二十三行の規格より十八行と推定され、「復原本文」三十九行より第二紙分十八行を除けば、第一紙は二十一行となる。これは一紙の規格二十三行に近く、第一紙幅は表紙を着ける為、第二紙以下より短くなること、また改行、もしくは、首題と本文の間に空行が入る可能性等を勘案するならば、概ね第一紙に収録された行数として妥当と考えられ、本書の欠損部分が一紙と十八行分であること、現存第一紙が本来の第二紙に該当することが判明する。

【慶元刊本『漢書』による「復原本文」】

1 揚雄傳第五十七上〔師古曰自長楊賦以後分爲下卷〕
2 漢書八十七上　揚雄傳上
3 揚雄字子雲蜀郡成都人也其先出自
4 有周伯僑者以支庶初食采於晉之揚
5 〔師古曰采官也以官受地謂之采地〕因氏焉不知伯僑周何別也
6 〔師古曰別謂分系緒也〕揚在河汾之閒〔應劭曰左傳霍揚韓魏皆姬姓也揚今河東揚縣〕
7 周衰而揚氏或稱侯號曰揚侯會晉六
8 卿爭權韓魏趙興而范中行知伯弊
9 當是時偪揚侯〔晉灼曰漢名臣奏載張衡說云晉大夫食采於揚爲揚氏食我有罪而揚氏滅無揚侯〕
10 〔有揚侯則非六卿所偪也師古曰晉說是也雄之自序譜諜蓋爲疏謬范中行不與知伯同時滅何得言當是時偪揚侯乎偪古逼字〕
11 揚侯逃於楚巫山〔師古曰巫山今在荊州西南也〕因家焉
12 楚漢之興也揚氏遡江上處巴江州
13 〔李奇曰江州縣名也巴郡所治也師古曰遡謂逆流而上也音素〕而揚季官至廬江太守
14 漢元鼎閒避仇復遡江上處嶓山之陽
15 曰郫〔師古曰嶓山江水所出也山南曰陽郫縣名也嶓音旻郫音疲〕有田一壥〔晉灼曰周禮上地夫一壥一百畒也〕
16 有宅一區世世以農桑爲業自季至雄
17 五世而傳一子故雄亡它揚於蜀〔師古曰蜀諸姓揚者〕
18 〔皆非雄族故言雄無它揚〕雄少而好學不爲章句訓詁通而
19 已〔師古曰詁謂指義也〕博覽無所不見爲人簡易佚蕩
20 〔張晏曰佚音鐵蕩音讜晉灼曰佚蕩緩也〕口吃不能劇談〔鄭氏曰劇甚也晉灼曰或作遽遽疾也口吃不能疾言〕
21 〔師古曰劇亦疾也無煩作遽也〕默而好深湛之思〔師古曰湛讀曰沈〕清靜亡

復原第一紙

	行	本文
1	22	爲少耆欲〔師古曰耆讀曰嗜〕不汲汲於富貴〔師古曰汲汲欲速之義如井汲之爲也〕
2	23	不戚戚於貧賤不脩廉隅以儌名當世
3	24	〔師古曰儌要也音工堯反儌字或作激激發也音工歷反〕家產不過十金乏無儋石
4	25	之儲〔師古曰儋石解在蒯通傳〕晏如也自有大度非聖哲之
5	26	書不好也非其意雖富貴不事也顧嘗
6	27	好辭賦〔師古曰顧反也〕先是時蜀有司馬相如作
7	28	賦甚弘麗溫雅雄心壯之每作賦常擬
8	29	之以爲式〔師古曰擬謂比象也〕又怪屈原文過相如至
9	30	不容作離騷自投江而死悲其文讀之
10	31	未嘗不流涕也以爲君子得時則大行
11	32	不得則龍蛇〔應劭曰易曰龍蛇之蟄以存身也師古曰大行安步徐行〕遇不遇命也
12	33	何必湛身哉〔師古曰湛讀曰沈謂投水而死〕迺作書往往摭
13	34	離騷文而反之〔師古曰摭拾取也音之亦反〕自嶓山投諸江
14	35	流以弔屈原名曰反離騷又旁離騷作
15	36	重一篇〔師古曰旁依也音步浪反其下類此重音直用反〕名曰廣騷又旁
16	37	惜誦以下至懷沙一卷名曰畔牢愁
17	38	〔李奇曰畔離也牢聊也與君相離愁而無聊也師古曰惜誦懷沙皆屈原所作九章中之名也〕畔牢愁廣騷文
18	39	多不載獨載
19	1	反離騷其辭曰
20	2	有周氏之蟬嫣兮或鼻祖於汾隅〔應劭曰蟬嫣連〕
21	3	〔也言與周氏親連也劉德曰鼻始也師古曰雄自言系出周氏而食采於揚故云始祖於汾隅也嫣音於連反〕
22	4	靈宗初諜伯僑兮流于末之揚侯〔應劭曰諜譜也〕
23	5	〔言從伯僑以來可得而敘也〕淑周楚之豐烈兮超既離

復原第二紙
（実線部分は現存第一紙）

二、書写年時

本書には書写奥書が記されず、明確な書写年時は不明である。ただし、唐高祖李淵（在位六一八―六二六）とその父昞、太宗李世民（在位六二六―六四九）の諱を避け、「淵」「蜵（「淵」の同音字）」「秉（「昞」の同音字）」「世」「民」を欠筆し、高宗李治（在位六四九―六八三）の「治」は欠筆されていない。また、字姿は欧陽詢（五五七―六四一）風をうけて字高が高く、線質は力強さに溢れている。これらを勘案すると書写年時は、唐時代七世紀前半と推測されるが、もしそうであるならば、貞観十五年（六四二）顔師古注本の成立に近接する写本と言える。

三、加点奥書

本書がいつ、誰によって将来されたかは明かでないが、巻末（第二十六紙）には、

天暦二年五月廿一日點了藤原良佐

の加点奥書があり、天暦二年（九四八）には将来されていたことが伺える。加点者の藤原良佐について詳細は不明であるが[35]、博士家の加点者の人名を記した最古の訓点資料であり、以下の訓点が施されている[36]。

①朱点（古紀伝点）　②墨点（擦消）　③角点（第五群点）　④白点（第五群点）　⑤黄点（仮名点）
⑥朱点（古紀伝点）　⑦墨点（古紀伝点）　⑧墨点（古紀伝点）

これら訓点の内、朱点は顔師古注本により、墨点は行間や界上、界下に書き込まれた陳姚察『漢書訓纂』三〇巻、唐顧胤『漢書古今集義』二〇巻等によって加えられたことが明らかにされている[37]。なお、陳姚察『漢書訓纂』、唐顧胤『漢書古今集義』は、前述の『日本国見在書目録』に採録されているが、現在は散逸しており、両書の引用は逸文として注目すべきものと言える。本書に附される訓点については本書所収の石塚晴通氏、小助川貞次氏による「本文・訓点解題」を参照されたい。

また、本書には訓点とは別に青点がみられるが、同様の青点は、京都国立博物館所蔵の唐鈔本、国宝『世説新書』巻第六残巻にもみられ、中国での加点も視野に入れた検討が必要である。

四、伝領奥書

本書の伝来に関しては、第二十五紙、尾題「揚雄傳第五十七」の下に、

享徳二年癸酉春之比自花山院殿
奉拝領了　三井清尊（花押）

と享徳二年（一四五三）の伝領奥書がみられる。花山院家は藤原北家師実の嫡流、家忠（一〇六二―一一三六）を祖とし、享徳二年当主は第十五代、定嗣（?―一五二八）に当たる。(38) 花山院定嗣より本書を伝領した三井清尊は、円珍撰『比叡山延暦寺元初祖師行業記』天明三年（一七八三）写本奥書に、

長禄四年庚戌閏九月二日於粟田口宿房以蔵乗房本書寫之畢
三井清尊三十四歳二十夏

とみえ、(39) また龍谷大学図書館蔵、徐行善編『科註妙法蓮華経』元刊本、巻第二、三、四、五、六にも、朱書の注と奥書がみられ、(40) 三井寺の僧であることは確認できるが詳細は不明である。

五、印記

本書には下記の通り、複数の印記が捺されている。

巻首　「島田翰／読書記」（抹消）、「江亭図書記」、「井々居士／珍賞子／孫永保」、「上野／蔵記」
巻尾　「島田翰／読書記」（抹消）、「井々居士／珍賞子／孫永保」、「上野／蔵記」

「井々居士／珍賞子／孫永保」（三・二㎝×二・三㎝）は、漢学者・外交官であった竹添進一郎（名は漸、号は井井。一八二四―一九一七）の蔵書印。本書の外箱蓋には、光緒丙午（光緒三十二年・一九〇六）の秋に来日した中国の日本教育視察団の団長、黄紹箕（一八五四―一九〇八）の手で「漸卿先生珍蔵」と竹添進一郎の所蔵である旨が記されている。

（外箱、蓋表箱書）唐抄漢書揚雄伝巻子本　漸卿先生珍蔵　黄紹箕敬署

また、内箱蓋には日本教育視察団の団員、董康（一八六七―一九四七）、王儀通（一八六三―一九三一）、沈曾植（一八五〇―一九二二）等が、島田彦禎の仲介により本書を拝観した旨が、沈曾植の手によって記されている。

（内箱、蓋表箱書）李唐人真蹟／漢書零本一巻

（内箱、蓋裏墨書）光緒丙午秋季武進董康山陰王／儀通嘉興沈曾植介島田彦禎来／此同観　曾植記

彼らを仲介した書誌学者、島田翰（字は彦禎、一八七九―一九一五）は竹添進一郎の弟子であり、「島田翰／読書記」印（五・六cm×二・八cm）は竹添進一郎旧蔵本にも散見するが、本書に捺されたそれは抹消されており、捺印時期は明かでない。なお「江亭図書記」（三・三cm×一・四cm）についても不明である。(41)

明治三十九年（一九〇六）に竹添進一郎の所蔵であった本書は、その後、実業家の武居綾蔵（一八七一―一九三二）へと譲渡される。(42) 内藤湖南より竹添履信（進一郎の養嗣子。一九〇〇―一九三四）に宛てた昭和五年（一九三〇）、六月二十八日付の書簡には、

拝啓長々の御外遊御無事にて御帰朝被遊候由慶賀の至に不堪候。（中略）殊に御不在中揚雄傳御沽却の件微力を致候為とて御秘蔵の古写孝経恵贈を忝うし望外の喜厚く御礼申上候。(43)

とみえ、内藤湖南が竹添進一郎・履信から武居綾蔵への売却を仲介したこと、昭和五年（一九三〇）頃には既に売却の話が纏まっていたことが伺える。また、昭和七年（一九三二）、十二月九日、武居綾蔵の逝去に際し内藤湖南が詠んだ弔詩には、「君所蔵三国志　唐鈔揚雄傳　米南宮草書帖　趙承旨花鳥巻　並為希世之宝　其餘名迹甚富」と、本書が武居綾蔵の所蔵であったことが述べられている。(44)

その後、昭和十八年（一九四三）六月九日、国宝保存法によって指定された際の所蔵者は朝日新聞社社主である上野精一（一八八二―一九七〇）となっており（文部省告示第六四二号、官報第四九二〇号）、この間に「上野／蔵記」（二・〇cm×一・一cm）が捺されたと考えられる。そして、平成二十七年（二〇一五）、京都国立博物館の所蔵となり現在に至る。

おわりに

以上、『漢書』顔師古注本の成立と本朝への将来を概観した上で、京都国立博物館蔵本の書誌情報を紹介した。本書は七世紀前半の唐鈔本であり、同じく七世紀書写と考えられる敦煌出土の顔師古注本、伯二四八五、伯

二五一三と共に、顔師古注本成立から程無い伝本として『漢書』研究上、注目すべき遺例と言える。これらはいずれも断簡であるが、伯二四八五が六七五字、伯二五一三が四七八字であるのに対し、本書は四五三二字と巻首を欠くとは言え、その大半が残存しているのは僥倖である。

なお、特筆すべきは、本書が出土ではなく伝世の品であり、本朝における『漢書』受容の実態を伝える史料という点である。博士家の加点者名を記した最古の訓点資料であり、そこに附された訓点は、天暦二年（九四八）における藤原家の『漢書』訓読の実態を伝え、また平安中期の言語資料としても注目される。

このように、ひとり『漢書』研究に留まらず、盛唐の欧陽詢風を伝える書として、また平安中期の訓点資料として、極めて貴重な価値を有する本書は、国を超え東アジアの至宝と言うに相応しい文化財である。

＊特に断らない限り正史のテキストは中華書局標点本を用いた。顔師古『漢書敍例』も中華書局標点本『漢書』所収による。

注

（1）父、班彪が司馬遷の『史記』を継いで書いた『後伝』を、班固が整理補充して『漢書』と成した。ただし、八表と天文志は未完であり、没後に妹の班昭と馬続により補われたとされる。「兄固著漢書、其八表及天文志未及竟而卒、和帝詔昭就東觀臧書閣踵而成之」（『後漢書』巻八十四、曹大家伝、二七八四-二七八五頁）。

（2）當世甚重其書、學者莫不諷誦焉（『後漢書』巻四〇、班彪伝、一三三四頁）。

（3）博物識古、無書不覽、尤鋭意三史、長於漢家舊典（『三国志』巻四二、蜀書孟光伝、一〇二三頁）。

（4）漢時司馬遷班固、咸命世大才、所撰精妙、與六經倶傳（『三国志』巻五三、呉書薛綜伝、一二五六頁）。

（5）漢書舊文多有古字（『漢書敍例』二頁）。

（6）時漢書始出、多未能通者、同郡馬融伏於閣下、従昭受讀（『後漢書』巻八十四、曹大家伝、二七八五頁）。

（7）『隋書』巻三十三、経籍志、九五三・九五四頁。

（8）姚振宗『隋書経籍志考証』は蔡謨『漢書集解』とする（『二十五史補編』第四冊、一九四・一九五頁）。

（9）蔡謨全取臣瓚一部散入漢書、自此以来始有注本（「漢書叙例」、二頁）。

（10）石濱純太郎一九四三、一一一-一二二頁。

（11）池田昌広二〇一三参照。

（12）顏籀字師古、雍州萬年人、齊黄門侍郎之推孫也（『旧唐書』巻七十三、顔師古伝、二五九四頁）。

（13）師古少傳家業、博覽群書、尤精詁訓、善屬文（『旧唐書』巻七十三、顔師古伝、二五九四頁）。

（14）蔡謨全取臣瓚一部散入漢書、自此以來始有注本。但意浮功淺、不加隱括、屬輯乖舛、錯亂實多、或乃離析本文、隔其辭句、穿鑿妄起。職此之由、與未注之前大不同矣。謨亦有兩三處錯意、然於學者竟無弘益（「漢書敍例」、二頁）。なお訳文は吉川忠夫一九七九による。

（15）『漢書敍例』、四-六頁。

（16）漢書舊文多有古字、解説之後屢經遷易、後人習讀、以意刊改、傳寫既多、彌更淺俗。今則曲覈古本、歸其真正、一往難識者、皆從而釋之（『漢書敍例』、二頁）。なお訳文は吉川忠夫一九七九による。

（17）吉川忠夫一九七九、第二章「(三) テキストづくり」「(六) 師古注の基本的性格」参照。

(18) 時人謂杜征南、顔秘書為左丘明、班孟堅忠臣（『新唐書』巻一九八、顔師古伝、五六四二頁）。

(19) 池田昌広二〇一三参照。

(20) 【蔡謨『漢書集解』】

伯三六六九+伯三五五七　巻二十三刑法志

伯五〇〇九　巻三十一項籍伝

斯二〇五三　巻七十八蕭望之伝

【顔師古注本】

伯二四八五　巻七十八蕭望之伝

伯二五一三　巻九十九王莽伝

【不明】

俄三一三一　巻二十六天文志（闕名注）

伯二九七三Ａ　巻三十九蕭何曹参伝、巻四十張良伝（顔遊秦『漢書決疑』か）

斯二〇　巻八十一匡衡伝（無注）

敦煌秘笈四三二　巻八十一匡衡張禹孔光伝（闕名注）

斯一〇五九一　巻八十二　王商史丹傅喜伝（尾題一行）

なお吐魯番出土本として、Ch.九三八　巻四十張良伝（無注）が知られる。

(21) 『大日本古文書』編年之一、三九三-三九五頁。

(22) 井上薫一九六六、一三三-一三四頁。

(23) 『大日本古文書』編年之一、四四三-四四四頁。

(24) 『大日本古文書』編年之一、四七六-四七七頁。

(25) 小島憲之一九六二、三二七-三三六頁。

(26) 池田昌広二〇一一参照。

(27) 留学之間歴十九年。凡所伝学、三史五経、名刑算術、陰陽暦道、天文漏剋、漢音書道、秘術雑占、一十三道。夫所受業、渉窮衆芸（『扶桑略紀』巻六、天平七年四月条。九一頁）。

(28) 壬戌、前右大臣正二位勲二等吉備朝臣真備薨。（中略）天平七年、帰朝。授正六位下、拝大学助。高野天皇師之、受礼記及漢書（『続日本紀』宝亀六年十月。四五八頁）。

(29) 一、請加給大学生徒食料事。（中略）至于天平之代、右大臣吉備朝臣、恢弘道藝、親自伝授。即令学生四百人、習五経、三史、明法、算術、音韻、籀篆等六道（『本朝文粋』三善清行『意見十二箇条』、一五二頁）。

(30) 桃裕行一九九四、一一三、一四一-一四四頁。

(31) 『日本国見在書目録』、三六-三七頁。

(32) 『隋書経籍志』同様、「漢書百十五巻」を「太山守応劭集解」とするが、これは蔡謨『漢書集解』と考えられる。前掲注8参照。

(33) 『二中歴』、書史巻数「前漢書百廿巻」（七頁）、漢書目録「漢書　十二帝紀　八表　十志　七十列傳　分成百十五巻　顔師古注」（二六頁）として以下一二〇巻の内容を記す。

(34) なお文化財指定されている『漢書』版本は南宋本であり、その刊行時、既に顔師古注本が標準本となっていた為、これらはいずれも顔師古注本である。

国宝『宋版漢書』（慶元刊本、旧上杉家本）六十一冊　国立歴史民俗博物館

重要文化財『宋版漢書』（慶元刊本）六十冊　長野　松本市

重要文化財『宋版漢書』（湖北提誉茶塩司刊本）　四十冊　東京　静嘉堂

（35）藤原北家、魚名流には「良佐　従五位上　左京亮　上東門院判官代」とみえる（『尊卑分脈』第二篇、二九三頁）。

（36）築島裕一九九六、八七二頁。

（37）松本光隆一九八二参照。

（38）権大納言正三位　花山院藤定嗣　八月廿八日辞（『公卿補任』享徳二年条、一七二頁）。

（39）『伝教大師全集』第五巻附録、五五頁。

（40）龍谷大学図書館貴重資料画像データベース　http://www.afc.ryukoku.ac.jp/kicho/cont_13/13231.html?l=0&q=科註妙法蓮華経（二〇一八年一〇月一五日閲覧）。

（41）本印記について小助川貞次二〇一八は、筑波大学附属図書館蔵『万葉和歌集』（請求番号ル212-1）に同印が捺されていることを指摘した上で、日本画家・東京美術学校教授、福井江亭（一八六五-一九三七）と想定されている。

（42）明治間為竹添井井博士所獲今帰西宮武居氏有（『漢書楊雄伝残巻』解題・校勘記、『景旧鈔本』一九三五。後、神田喜一郎一九九七、一五頁）。

（43）内藤湖南一九七六、六一二頁。

（44）武居巧『武居遺文小集』（非売品、一九三四）。小助川貞次二〇一八参照。

参考文献

『伝教大師全集』『伝教大師全集』第五巻、比叡山図書刊行所、一九二七
『日本国見在書目録』『続群書類従』三十輯下、続群書類従完成会、一九二八
『景旧鈔本』一九三五『京都帝国大学文学部景旧鈔本』第二集、京都帝国大学文学部
『扶桑略紀』黒板勝美編『新訂増補　国史大系』十二、吉川弘文館、一九三五
『公卿補任』黒板勝美編『新訂増補　国史大系』五十五、吉川弘文館、一九三七
『尊卑分脈』第二篇　黒板勝美編『新訂増補　国史大系』五十九、吉川弘文館、一九五九
『大日本古文書』編年之一　東京大学史料編纂所編、東京大学出版会、一九八二
『本朝文粋』大曾根章介・金原理・後藤昭雄校注『新日本古典文学大系二十七　本朝文粋』岩波書店、一九九二
『続日本紀』青木和夫・稲岡耕二・笹山晴生・白藤禮幸校注『新日本古典文学大系十五　続日本紀　四』岩波書店、一九九五
『二中歴』前田育徳会尊経閣文庫編『尊経閣善本影印集成十六　二中歴』三、八木書店、一九九八
『漢書』慶元刊本　松本市教育委員会文化財課編『松本市蔵　重要文化財　宋版漢書』汲古書院、二〇〇七
石濱純太郎一九三四「群書治要の史類」、静安学社編『東洋学叢編』第一冊、後『支那学論攷』全国書房、一九四三に収録
小島憲之一九六二『上代日本文学と中国文学』上、塙書房
井上薫一九六六『奈良朝仏教史の研究』吉川弘文館
内藤湖南一九七六『内藤湖南全集』第十四巻、筑摩書房
吉川忠夫一九七九「顔師古の『漢書』注」『東方学報』五十一、後、東洋史研究叢刊三六『六朝精神史研究』同朋舎、一九八四に収録
松本光隆一九八二「漢書楊雄伝天暦二年点における訓読の方法」『国語学』第一二八集、後『平安鎌倉時代漢文訓読語史料論』汲古書院、二〇〇七に収録
桃裕行一九九四『上代学制の研究　修訂版』桃裕行著作集第一巻、思文閣出版
築島裕一九九六『平安時代訓点本論考　研究篇』、汲古書院

神田喜一郎一九九七『神田喜一郎全集』第十巻、同朋舎
池田昌広二〇一一「『日本書記』の出典問題――『漢書』を例にして――」、新川登亀男・早川万年編『史料としての『日本書記』
――津田左右吉を読みなおす』勉誠出版
赤尾栄慶二〇一二「漢書楊雄伝第五十七」『國華』第一四〇四号第一一八編第三冊
池田昌広二〇一三「唐代における『漢書』顔師古本の普及について――『史記索隠』『史記正義』を例にして――」『京都産業大
学論集 人文科学系列』四十六
池田昌広二〇一四「吉備真備の『漢書』将来をめぐって」『京都産業大学日本文化研究所紀要』十九
柿沼陽平二〇一四「『漢書』をめぐる読書行為と読者共同体――顔師古注以前を中心に――」『帝京史学』三十
洲脇武志二〇一七『漢書注釈書研究』游学社
小助川貞次二〇一八「階層構造から見た唐鈔本漢書楊雄伝の研究課題」(第一一八回訓点語学会研究発表会資料)

本文・訓点解題

石塚晴通（北海道大学名誉教授・東洋文庫研究員）
小助川貞次（富山大学教授）

中国正史としての漢書（顔師古注）の概要と本書の書誌情報及び伝来については、上杉智英氏の書誌解題に詳細に述べられているので、ここでは主に本文と訓点について述べる。

一、本文

本書は漢書巻八十七上楊雄伝第五十七上の一巻であるが、本来巻首にあった楊雄の系譜・事績と中程にある甘泉宮・汾陰行幸の記事を除けば、漢書の編者班固による記述はほとんどなく、内容的には楊雄の四つの作品、反離騒、甘泉賦、河東賦、校獵賦（羽獵賦）の収録からなる。この内、甘泉賦と校獵賦（羽獵賦）は梁の蕭統が編纂した文選巻第四にも収録される。内容一覧を所在行数と文字数とともに示す（表1参照）。

本書が唐鈔本であることについては、光緒二十九年（一九〇三）の繆荃孫『日游彙編（日本訪書記）』に「漢書揚子雲傳（有不全）字作褚体類唐人寫經」、明治三十六年（一九〇五）の島田翰『古文旧書考』に「其所謂出於唐時鈔本者如漢書揚雄傳及荘子刻意編是也」と見えるのが早く、現外箱蓋・内箱蓋に記された中国人学者沈曽植（一八五〇－一九二二）、黄紹箕（一八五四－一九〇八）による光緒丙午秋季（一九〇六）の署名がこれに続く。

（外箱蓋表）唐抄漢書揚雄傳巻子本 漸卿先生珍藏黄紹箕敬署

（内箱蓋表）李唐人眞蹟漢書零本一巻

（内箱蓋裏）光緒丙午秋季武進董康山陰王儀通嘉興沈曾植介島田彦楨來此同觀 曾植記

本書の存在が学界に知られるようになったのは、吉澤義則「故竹添井井氏所蔵唐鈔本漢書楊雄伝加点に就て

表1　漢書楊雄伝の内容一覧

	所在行数	本行文字数	割注文字数	百衲本漢書 a:表、b:裏	胡刻本文選 a:表、b:裏
首題、系譜・事績	(欠損)	—	—	01a-02b	(甘泉賦0701b李善注に一部)
反離騒	001-103	688	2343	02b-06b	(屈原離騒3201a-3218a)
甘泉賦	103-280	1370	3722	06b-13a	0701b-0710a
記事(甘泉宮・汾陰行幸)	281-305	276	352	13a-14a	—
河東賦	306-368	469	1397	14a-16b	—
校獵賦(羽獵賦)	368-555	1725	3429	16b-24a	0815b-0824a
尾題	556	—	—	24a	—
総数	—	4528	11243	—	—

文字数には衍字・誤写・補入もカウントするが、重書・傍記はカウントしない。冒頭1行目は反離騒に含める。

(上)」(『藝文』第十六巻第二号、一九二五)、同「井々竹添先生遺愛唐鈔漢書楊雄伝訓点」(『内藤博士頌寿記念史学論叢』、一九三〇)による釈文(解読文)と訓点の解説、及び『景旧鈔本第二集　漢書楊雄伝残巻』(京都帝国大学文学部、一九三五)による全巻の影印出版以降のことである。特に『景旧鈔本第二集』には神田喜一郎博士による解題・校勘記があり、島田翰が注末語辞の多さを指摘するに留まったのに対して、神田喜一郎博士は書法(欧陽詢の率更体)、缺筆(淵民)及び宋元明の通行本との校勘例を挙げて、本書が初唐

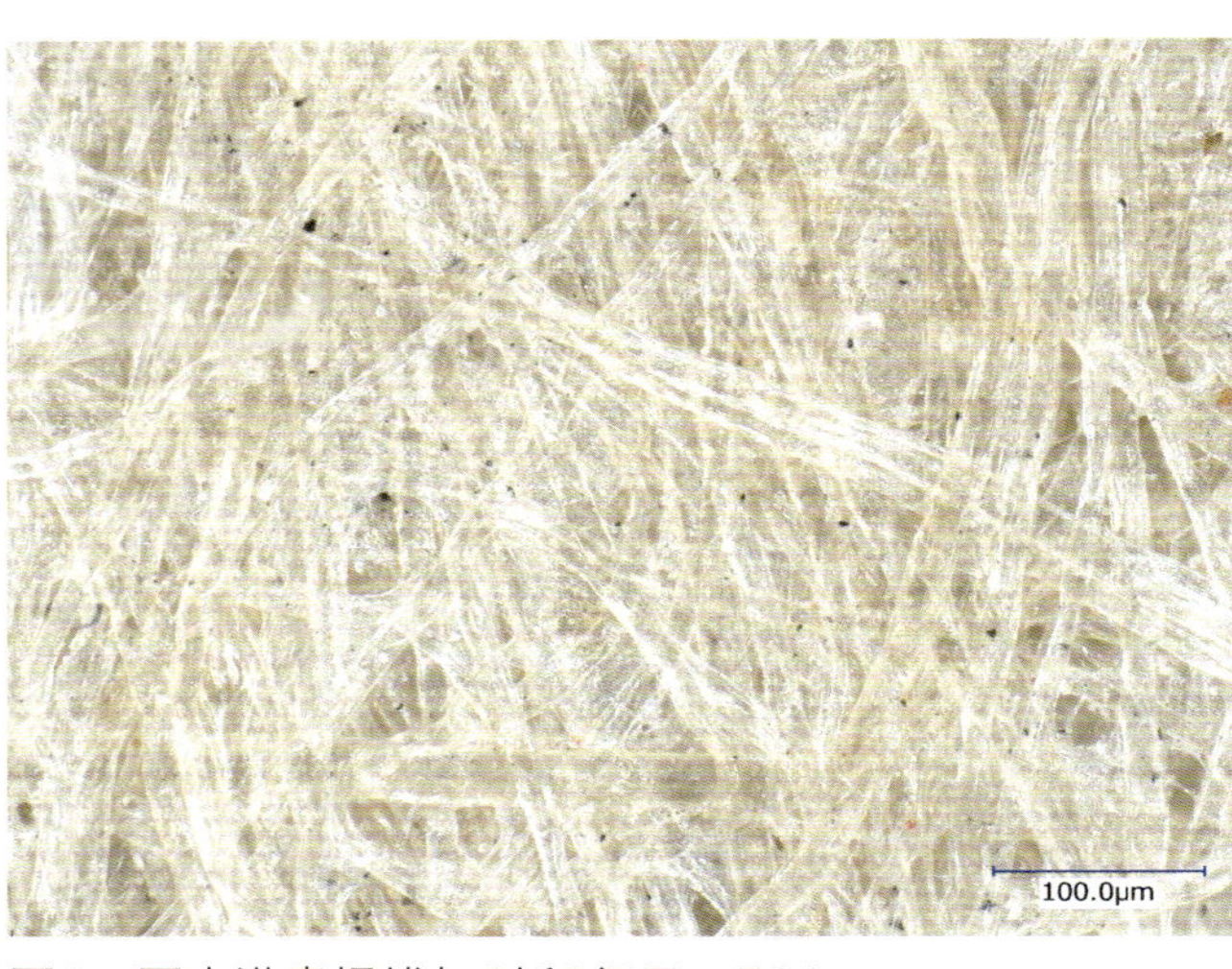

図1　国宝漢書楊雄伝2紙3行目×500
構(梶 Broussonetia papyrifera)繊維を主体として、未精製であり打紙等の加工も少なく7世紀唐代としては上等ではない並製の料紙である。

人による書写であることを明らかにした。

このような書法や避諱に基づく書写時期・書写地域の判定に対し、近年はCodicology(文理融合型綜合典籍学)の観点から、料紙の顕微鏡分析によって材料の生産地域を判定したり、漢字本文の異体字率(複数回文字を書く時に字体がゆれる割合)によってテキストの性格を判定したりするなど、より客観的総合的な判定方法が試みられている。[1] 例えば本書の異体字率は初唐標準とされる初唐宮廷写経が一%未満であるのに対して五・六四%とかなり高く、料紙も初唐の並製構(梶)紙であることから(図1参照)、本書は初唐宮廷写経などのような公的なテキストではなく私的な学習本であることがわかる。そのことは単に漢文本文だけの問題ではなく、後述するように日本においてどのように学習読解されたのかという加点・書込の様相とも関係する。

二、書写態度

神田喜一郎博士は前記解題・校勘記において通行本の譌奪を訂正するものとしてとして本書の本文を高く評価したが、その一方で多くの誤写や書写上の不体裁が見られる点には注意を要する。(2) 一例を挙げれば、誤って類似本文を書写した場合、その直後に正しい本文を続けて書写する例が本行で八例、割注で九例あり、いずれも朱点・墨点（あるいはその一方）で見消符が附されている（挙例は一字目が誤写、二字目が正しい本文。数字は所在行数）。

（本行）學擧45、氣氛72、難雜124、甞棠229、歴靡232、衆泉281、
　　靡摩285、師帥456

（割注）氣氛73、虵蜿89、歆韶91、輪軼167、堋環214、郡群228、
　　高亭381、虔虎420、讀謂449

表2　避諱処理一覧

高祖李淵	淵	044.05	204.04	421.10	517.05	067.02	097.06	240.03	205割	422割	
	蜵	223.13	224割	225割	225割						
太宗李世民	世	014.03	107.02	269.14	391.05	537.04	551.13	015割	018割	024割	301割
	民	378.05	378.16	379.04	379.08	388.03	545.04				
高祖の父昞	秉	120.06									

このような誤写例は公的テキストでは観察することが難しく、書写者或いは書写当時の字体認識を知る上で非常に興味深い。

また割注においては左右行の文字数が不均衡になる例（32行目（右20字対左12字）、69行目（右23字対左16字）、174行目（右15字対左8字）、182行目（右24字対左15字）、184行目（右21字対左12字）、198行目（右9字対左4字）、327行目（右17字対左10字）、443行目（右13字対左6字）、452行目（右10字対左5字）、453行目（右21字対左15字）、495行目（右21字対左16字））、左右が同じ文字数なのに左右行の長さが異なる例（72行目（右左6字）、231行目（左右11字））、左行の文字数の方が多い例（53行目（右17字対左19字）、229行目（右12字対左17字））など、割注配置のアンバランスが目立つ。

このような誤写の多さや割注配置のアンバランスは、奈良時代書写の石山寺本漢書高帝紀、漢書韓彭英盧呉列伝、高野山大明王院本漢書周勃伝、真福寺本漢書食貨志、敦煌本S.2053漢書蕭望之伝（七世紀後半写）、P.2485漢書蕭望之伝・P.2513王莽伝（僚巻、

七世紀中期写）などの漢書古写本と比べて際立っている。

しかしながら、不体裁な書写態度の故に本書は不完全なテキストである、或いは書写者の学問的レベルが未熟であると単純に考えることはできない。本書の避諱に対する処置を見ると、相当に規範意識が高いからである。本書の避諱は前頁表2の避諱処置一覧に示す通り、唐高祖「淵」（同音字「蜵」）、太宗「世民」及び高祖の父「昞」（同音字「秉」）の三名五字種で、それぞれ缺筆の処置が取られている（高宗「治」は割注に二例（157、305）あるが缺筆になっていない）。「淵」「蜵」「民」に缺筆になっていない例があるが、これは避諱処置の緩みではなく、異体字「渕」「[illegible]」「民」が使われているためだと考えられる。本書の書写態度からは初唐宮廷写経などには見られない初唐の生々しい姿を観察することができ、この点にこそ写本史上の大きな価値があると言える。

三、訓点

本書の訓点については前述の通り、大正十四年（一九二五）に吉澤義則博士によって公表された釈文（解読文）及び昭和五年（一九三〇）に同博士により解説を附して再度公表された釈文によって研究の礎が作られ(3)、以後多くの研究者によって研究成果が公表されてきた。特に昭和三十七年（一九六二）に小林芳規博士によって本書に角筆点（象牙や竹製の用具の尖端を以て紙の紙面を直接傷つけ凹ませることによって表記された訓点、角点とも）があることが発見されて(4)以降は、本書の訓点の種類がほぼ確定し、昭和五十年（一九七五）に公表された大坪併治博士の釈文にはすべての訓点が網羅されている(5)。これらを踏まえて、昭和六十一年（一九八六）には築島裕博士によって本書の仮名点とヲコト点が『平安時代訓点本論考（ヲコト点図仮名字体表）』（汲古書院）に収められ、本書の国語学上における資料的価値は格段に高まったと言える。訓点に関して、これまでに分かっていることは以下の諸点である。

[加点者]

・加点は奥書に見える藤原良佐によって天暦二年（九四八）になされたものであること

・藤原良佐は北家魚名流で、祖父の代に当たる在衡（延喜十三年（九一三）文章生、延長四年（九二六）大学頭）は後漢書の訓説を持つこと（系図は図2参照）

[種別と順序]

・加点には朱点、墨点、角点、白点、黄点、青点があること

・朱点と墨点にはさらに複数筆があること

・黄点は部分的でかつ白点加点箇所とは重複しないので白点の補遺と見做されること
・加点順序は朱点、墨点が先行し、角点、白点（黄点）がこれに続くこと
・加点の種別は単に読書回数に応じて累加したものではなく、それぞれに意図があること

［加点内容］

・加点には句読点、語順符、ヲコト点、仮名点（和訓、字音）、声点・破音、解釈上の符号、及び漢文注記があること
・ヲコト点は古紀伝点を使用し、博士家紀伝道所管の漢籍訓点資料と共通していること（解題末ヲコト点図参照）
・仮名点には平仮名字体も使用され、十世紀加点の漢籍訓点資料と共通していること（解題末仮名字体表参照）
・漢文注記にはテキスト内の顔師古注から一部転記するものと、新たに中国撰述の注釈書や辞書類から引用転記するものとがあること
・加点内容はこれらの注釈書類の内容とよく合致すること

なお青点については、近時のコディコロジー的調査で青染大麻布の貼付であることが判明しており（図3参照）、日本に舶載される以前の中国における加点の可能性が高く、加点の種類・順序を考える上で再考する必要が生じている。解題末ヲコト点図では貼付位置から四声点としたものも、異なる機能を考え得る。

加点の種類と順序について、吉澤義則博士は「①朱→②墨→③朱→④紛（白点）→⑤黄→⑥青」、築島裕博士は「①朱→②墨（擦消）→③角→④白→⑤黄→⑥朱→⑦墨→⑧墨」とするが(6)、加点の重なり具合からその先後関係を判断できるものもあるが、判別のつかない場合も数多くあり、今後それぞれの加点意図とともに精密な検討を加えていく必要がある（青点については前述の通り）。

これらの加点の内、朱点は漢書本文だけではなく割注（師古注）にも加えられ、加点の種類と順序、加点意図を考える上で重要である。漢籍古写本の多くは伝統的古注を割注として含んでいるが、経書では割注にも加点が及ぶのに対して、史記・漢書・文選のような経書以外の漢籍では割注には加点されず、このことはそれぞれのテキストを所管する明経道と紀伝道との学問的な違いであると指摘されてきた(7)。しかし延久五年（一〇七三）書写加点の史記孝文本紀では割注部分にも加点が見られ、また敦煌本漢籍でも**S.2053**漢書では割注に破音と句点の加点

山蔭（民部卿 中納言 仁和四薨（八八八））
├有頼─在衡（左大臣 天禄元薨（九七〇））
└兼三─国幹─行正─良佐（上東門院判官代 左京亮）

図2　藤原良佐関係系図

表3　割注への加点一覧

内容	所在	句点	読点	ヲコト点	合符	人名	∟印	書込注	合計
反離騒	1-103	95	1	7	0	1	21	6	131
甘泉賦	103-280	62	1	5	0	0	77	5	150
記事	281-305	18	3	22	3	1	3	1	51
河東賦	306-368	48	10	61	3	0	19	3	144
校獵賦	368-555	75	3	10	0	0	47	0	135
合計	–	298	18	105	6	2	167	15	611

冒頭1行目は反離騒に含める。

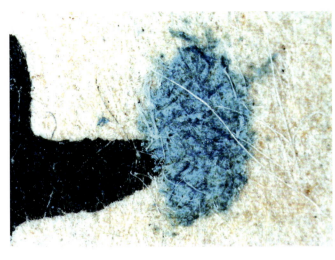

があり、一方、P.2509春秋経伝集解、P.2536春秋穀梁伝、P.3729春秋経伝集解、P.3015古文尚書は経書でありながら割注には加点されないということがあり、テキストの所管とは異なる事情が存するようである。[8]

本書割注への朱点加点は六〇〇箇所ほどあるが、句読点（句点二九八例、読点十八例）、ヲコト点（一一三例）、本文との対応関係を示す∟印（一六七例）に限られ、仮名点は存在しない。さらに玉篇、切韻、漢書訓纂、漢書古今集義を出典とする墨書音注の書込が十六例ある。[9]本書全体における朱点には数筆が識別できるが、割注における朱点は橙色に近い薄い朱点に限られ、かつ人名を表すヲコト点はすべて線点である（解題末ヲコト点図参照）。これに対して本行における人名を表すヲコト点は、この薄い朱点による線点の上にやや濃い朱点による星点が重なっており、この薄い朱点と濃い朱点との先後関係は本行のヲコト点・仮名点にも見られる。したがって、朱点の加点は、まず薄朱によって本行・割注全体を対象として施され、その後、濃朱によって本行を対象として追認・追加されたと考えることができる。[10]ただし、本行の加点は場所によっては濃朱しか見えない箇所もあり、全巻を通して一貫した方針で加点されたとは必ずしも断定できるわけでは

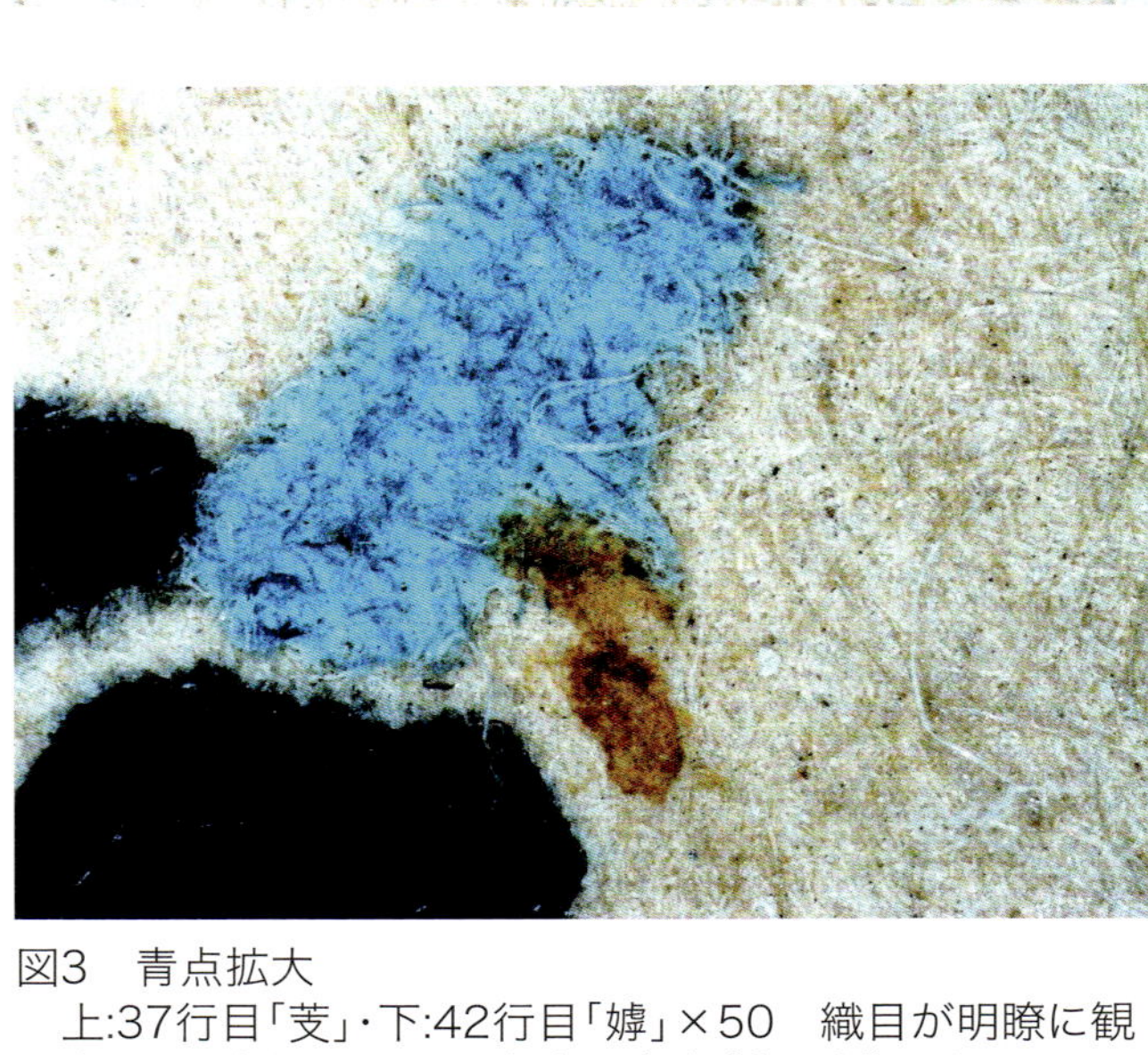

図3　青点拡大
上:37行目「芰」・下:42行目「嫭」×50　織目が明瞭に観察され、青紙ではなく青染大麻布（中国製）である。

ない。それでも割注部分が丁寧に学習された結果が後述するように本行の仮名点の内容に反映していることは重要な点である。

四、書込注

本書の行間、上下欄外に姚察の漢書訓纂三十巻、顧胤の漢書古今集義二十巻から抄出された墨書書込があることについては、神田喜一郎博士が初めて指摘され、後に沼本克明博士が全体の内容を明らかにされた。(11) 書込には漢書注以外にも切韻や玉篇などの韻書・字書も見え、佚文資料としての本書の価値を高めている。(12) 稿者の計数に拠れば、顔師古注(割注)から本行への転記七十八例(反切注、直音注、義注)を含む約四五〇例ほどの書込がある。

書込総数…四五一例(加点者が案出した和風音注は含まない)
師古注からの転記…七十八例
漢書古今集義…二三四例(「顧胤」三例を含む)
漢書訓纂…一一九例(「察案」四十一例を含む)
文選注・文選音決…五例
切韻…十五例
玉篇…三例
出典名不記載…三十例(切韻と推定される十八例、玉篇と推定される二例を含む)

これらの書込注はすべて中国撰述書であり、日本に舶載される以前に書込が行われていた可能性も考えてみる必要がある。例えば296行目「逆鼇三神」の「鼇」右傍書込注「集音僖」は、字画寄の朱点仮名「サイ」を避けるようにやや右寄りに書き込まれる。この場合、最初から存在した書込注「集音僖」と本文「鼇」の隙間に朱点仮名「サイ」を夾み込んだとも考え得る。しかしこの前後の書込注を見ると、もっと本文に接近して書き込まれ(287行目「椽」、295行目「麗」)、さらに「逆」に加点された朱点仮名「ムカフ」の「フ」は書込注「集迎也」の「迎」に重なっていて、この点だけを見ると「書込↓朱点仮名」となるが、「ムカフ」を子細に見ると「カフ」は「ム」よりも僅かばかり大きくかつ白点が重なり、先行して加点された「ム」に対する追記であることが分かる。「逆」に加点された「ム」と「鼇」に加点された「サイ」は同筆と見做されるから、結局順番としては「朱点→墨書書込注→追記朱点→白点」となり、書込注は加点者によって書き込まれたと判断できる(13)。

その上で書込注の内容を考えてみると、漢書訓纂、漢書古今集義はともに佚書であるためにその内容を詳細に知ることはできないが、書き込まれた内容から判断する限り先行する漢書注釈諸家の引用に加え、説文、字林、爾雅、小爾雅、広雅、釈名、埤蒼などの字書類の引用を多く含んでいる。顔師古注（割注）が漢書本文の内容を文脈に即して敷衍するのとは注釈書としての性格が異なるようである。一例を挙げる。

雷鬱律於巖突兮電倏忽於牆藩（179〜180行目）

（師古注）師古曰鬱律雷聲也倏忽電光也藩藩擁也倏音式六反藩音甫元反

（上欄外）察案爾雅云東南奥謂之突釋名以爲突幽也亦取幽冥也字林音一弔反一了反楚辭云冬有突夏王逸以爲復室云々而説文以銜突字從犬穴非此義也（「銜突」、「衝突」の誤り）

（下欄外）集包音徒没反又一弔反集韋昭巖反起嚴包巖讀依字突者徒没反又一弔反司馬相傳上集姚丞音一弔反樂産徒忽反同司馬相傳巖突洞房注

この例では、顔師古注は本文の内容を文脈に即して語彙レベルで説明するのに対して、上欄外の漢書訓纂（「察案」）は爾雅、釈名、字林、楚辞、楚辞王逸注、説文の字書類を引き、下欄外の漢書古今集義は包愷、韋昭、姚丞（姚察）、樂産の諸家を引いて、本文「突」（「突」）について文字レベルで説明する。後述するように本書の加点内容は顔師古注とこれら書込注の内容に対応するものが多くあり、加点者の本文理解に利用されたことは明らかであるが、和訓の中に時として文脈から離れた文字レベルの加点内容が存在するのは、このような利用した注釈書の性格が反映しているからだと考えられる。

一方でこのような注釈内容の違いは、書込者（加点者）が漢書訓纂、漢書古今集義からどのような内容を求めたのかという取捨選択の結果であると考えることも可能である。しかし本書には漢書訓纂、漢書古今集義からは前述の通り三五〇例余りの引用書込がありながら、本文の校勘材料として両書の名がまったく見えないことや、書籍としての巻数が顔師古注本百二十巻に比べて少ないこと（漢書訓纂三十巻、漢書古今集義二十巻）、さらに石山寺本漢書高帝紀・韓彭英盧呉伝、延久本史記孝文本紀に書込注として見える漢書古今集義も音義中心の内容であることを考え合わせるならば、両書は本文を持たない音義書であった可能性が高い。書込注の内容は取捨選択の結果ではなく、音義書としての本来の性格を反映していると考えられる。

五、訓点と注釈との関係

神田喜一郎博士は『日本書紀古訓攷証』（養徳社、一九四九）において、日本書紀の古訓は中国訓詁学上から見て極めて正確であること、古訓の一見疑わしいものも必ず何らかの典拠に基づくこと、古訓は古典の正統的注釈書と認められるものに必ずしも依拠しないものが多いことの三点を挙げられた。このことは漢籍訓点資料についても当てはまるものである。本書の字音については沼本克明博士が「漢籍訓点語資料記載の字音――漢書訓点資料の場合――」（『国語国文』第三十八巻第八号、一九六九）、和訓については松本光隆博士が「漢書楊雄伝天暦二年点における訓読の方法」（『国語学』第一二八集、一九八二）においてそれぞれ詳細に明らかにされたことは、訓点研究史上画期的なことであり、以後、中国撰述の注釈書・字書類との比較検討に加え、加点者がどのような意図のもとに加点を行ったのかというより詳細な研究へと発展する契機となった。以下に和訓、読添語、語順符における注釈書との関係を例示する（仮名点は片仮名で、ヲコト点は平仮名で、稿者が補ったものは片仮名を（ ）に入れて示す。以下、同じ）。

竢慶雲而將學擧（44行目、學は誤写・見消）
師古曰…竢待也（47行目割注）
「竢」右傍朱点「マ（チ）」が割注「竢待也」と対応

薌呹肸以棍根兮（209行目）
師古曰…薌讀與響同（210行目割注）
「薌」右傍朱点「ヒ、キ」が「薌」及び割注「響」左傍朱「∟」印と対応

星陳而天行（112行目）
師古曰如星之陳象天之行也（112行目割注）
「星」右傍朱点「如」（「星の如（ク）に」）が割注「如星之陳」と対応

飛蒙茸而走陸梁（120行目）
晉灼曰飛者蒙茸而亂走者陸梁而跳也（121行目割注）

「飛」「走」の字画寄朱点「モノ」（「飛（フ）モノは」「走（ル）モノは」）が割注「飛者」「走者」と対応

冠倫魁（割注）能函甘嘗棠之惠（229行目）

應劭曰冠其郡群倫魁桀也師古曰言選擇賢臣可匹耦於古賢臯繇伊尹之類冠等倫而魁桀者（228～229行目割注）

集韋云爲倫匹材能作魁冠案或以能字屬上句訓亦以能字屬上（228行目下欄外書込注）

朱点は「冠倫魁」を「倫に冠しめて魁たり（割注）能（ク）、」と読むのに対して、墨点は割注を夾んで「能に魁タリ」（「魁」左傍に墨点語順符「三」、墨点仮名「タリ」、「能」左傍に墨点語順符「一」、墨線点ヲコト点「に」と墨線点句点）と読む。墨点の読みは書込注「案或以能字屬上句訓亦以能字屬上」と対応。

さらに、本文に対して複数の異なる注釈内容が存在する場合、それぞれの注釈内容に対応した和訓を本文の左右に加点することが多い。例えば「離虖皇波」（5行目）の「離」には朱点「フ」と墨点「イル」が加点されているが、朱点は顔師古注「晉灼曰離歷也」（6行目割注）と対応し（それぞれの本文左傍に朱ᒪ印が加点されている）、墨点は書込注「訓如曰…離入也」（5行目下欄外）と対応する。以下に類例を示す（白点・角点は省略する）。

捷29　（朱）オヨハむヤ（捷及也）―（墨）マシハラ（ム）ヤ（捷接也）

擬33　（朱）ウタ（カヒテ）（擬疑也）―（墨）ムカ（ヒ）て（擬相向也）

豜74　（朱）ヨツ（豜古攀字）―（墨）ネカフ（攀慕也）

溷98　（朱）ケカラハシむて（溷濁）―（墨）ミタリカハ（シムテ）（溷亂也）

雍107　（朱）アツメ（雍聚也）―（墨）タスケラレ（雍祐也）

訊122　（朱）トクシて（訊亦奮迅也）―（墨）ミタシて（誶々仰？亂

施177　（朱）ヒク（施延也）―（墨）ホト（コス）（讀如本字也）

方219　（朱）ナ（ラヘ）たりと（方謂竝行也）―（墨）ツネに（方常也）

征僑219　（朱）人名（征僑姓征名伯僑仙人也）―（墨）ツカフト（征役使之意也）

齊231　（朱）オナ（シク）す（齊同也）―（墨）モノイミ（齋或以集禮神之所也）

靡232　（朱墨）クハシ（クシテ）（靡纖密也）―（墨）ナヒカ（シ）て（靡謂偃而靡之以籍（藉）地也）

于269　（朱）コヽに（于於也）―（墨）イ（フ）（于曰也）

湊298　（朱）オ（モムク）（湊趣也）―（墨）アツマル（湊聚也）

跋463　（朱）モトシ（跋反戻也）―（墨）フミ（跋躡也）

踔466　（朱）ハシ（リ）て（踔走也）―コエ（テ）（踔踰也）
摼472　（朱墨）ヒク（摼古牽字也）―（墨）クヒル（扼也）
跇472　（朱）ワタ（リ）て（跇渡也）―（墨）コユて（跇踰也）
抾519　（朱墨）ト（ル）（抾挹取也）―（墨）サ、ク（抾捧也）
俄526　（朱）アケ（陳擧之貌也）―（墨）アフキ（俄仰也）

このような複数の異なる注釈内容が存在しない場合でも、日本語としてどう解釈するかというレベルで異なる和訓を加点する場合もある。例えば「解扶桑之總轡兮縱令之遂奔馳」（61行目）の「縱」の右傍には朱墨点「ホ（シイママ）」と墨擦消点「ユル□」（下に朱点あるか）があり、左傍には墨点「ハ（ナチ）」が加点されているが、これらに直接対応する注釈は見つからない。恐らく、顔師古注「解轡縱君使遂奔馳也」（63行目割注）と、これに続く本文「鸞皇騰而不屬兮豈獨飛廉與騰雲師」（63行目～64行目）に対する顔師古注「縱其轡使之奔馳」（65行目割注）を相互に参照しながら案出したのではないかと考えられる。以下に類例を示す。

頡125　（朱）ノ（ホリ）―（墨）アカ（リ）（頡肹上下也）
叫261　（朱）ヨ（ハ）しむ―（墨）サケしむ（令巫祝叫呼天門也）
冂328　（朱）オシ―（墨）モミ（掌據之足蹈之也…冂古掌字也）
播338　（朱）ホトコす―（墨）シ（ク）（播布也）
槍499　（朱墨）ツキ―（墨）サシ（槍猶刺也）
夷502　（朱）ヒトシ（クシ）て―タ（ヒラニシ）て（夷平也）

このような加点と注釈書との密接な関係は、すべての加点について当てはまる訳ではない。中国撰述注釈書は日本における学習読解、特に訓読を前提に存在していないことは自明のことであって、例えば固有名詞が中国撰述注釈書においてどのように詳細に注解されようと、日本語では訓読されない。また漢語と日本語における述部の位置が構文上で異なっていることも注釈書と加点との関係を考える場合、重要な視点となる。(14) さらに加点の種別が、朱点、墨点のように視認しやすい加点と、角点、白点（黄点）のように視認されにくい加点との違いにも注釈書との関係は関わってくる。例えば、白点には当該漢字に対して常用的な音訓の加点が多く見られる。

暗13　ク（ラク）するに（「する」朱ヲコト点、「に」朱墨ヲコト点）
承19　ウケたり（「たり」朱ヲコト点・墨擦消ヲコト点）
愍47　カナシフ
薄150　ハク
雨355　ウ（白点上声点もあり）
沼370　音小（白点上声点もあり）

「暗」の例は「ヤミ」の排除、「承」は字体の確定、「愍」は「アハレブ」の排除、「薄」は「簿」との識別、「雨」は「兩」との識別、「沼」は「沿」との識別など、加点者による排他的な意図があったと考えなければ説明がつかない。注釈書とは別次元の日本語の問題や写本特有の類似字体の認定の問題が背景にある加点と考えられる。

また以下の例のように、注釈書と和訓との関係が一見明瞭なようで、非常に複雑な問題を含む例も存する。

御賓賓客充庖廚而已（371行目、二字目「賓」右傍墨見消符）
師古曰財讀與纔同御待也當也（371行目割注）
集云擧反監云御待也當也（371行目上欄外書込注、「云」は「五」の誤り）
「御」右傍朱点「マ（チ）」、左傍朱点レ印、「充」右傍朱点「アツ（ル）に」、割注「待」左傍朱点「レ」印

この例において、「御」の朱点「マ（チ）」が顔師古注「御待也」に拠っていることは、この朱点と同筆で「御」「待」の左傍に加点されている朱点レ印と、本書における注釈「待」と対応する加点例から見て明らかである（「竢慶雲」（45行目）の「竢」右傍の朱点「マ（チ）」が師古注「竢待也」（46行目）と対応）。ところが本書の顔師古注「御待也當也」に対して通行本は「御待也充當也」と「充」を加えた本文を持ち、本書「充庖廚而已」の「充」には朱点「アツ」が加点されている。本書には誤写・譌字が多く存し、特に顔師古注（割注）にはそれが多いが、顔師古注に誤りがありながら対応する加点は正しい内容を持つものが存在する（110行目「羨」「ユタカ」と師古注「羨鏡也」（鏡、饒の誤り）、272行目「單」「メク（リ）」と師古注「單用也」（用、周の誤り））。このようなことからすれば、本例の「御待也當也」は、加点者が「充」を補って「御待也充當也」と理解した上で、本行「充」に「アツ」を加点した可能性も考えなければならない。しかし上欄外の「集」（漢書古今集義）に引用された「監」（顔監、すなわち顔師古）は、顔師古注と同文「御待也當也」に作り「充」を持たない。このことは、割

注に存する顔師古注「御待也當也」には誤りが無かったことを加点者自身が認識していたことを意味する。とするならば「充」の「アツ」は一体何に拠ったのか。また、すでに述べたように、本書では本文に対して複数の異なる注釈内容が存在する場合、それぞれの注釈内容に対応した加点をすることが多いことからすれば、なぜ「御」には師古注下半及び書込注の「當也」に対応する加点が無かったのか、さらなる問題が発生する。(15) 本書には、このような加点内容と注釈内容との単純な対応関係だけでは説明のつかない事例が他にも多く存する。

六、訓点語彙の中での位置付け

本書の和訓は稿者の計数で四二〇語種（助詞二十二語種、助動詞十一語種、自立語三八七語種）ある。自立語三八七語種の内、七割に当たる二七四語種は築島裕博士の『訓点語彙集成』（汲古書院、二〇〇七-二〇〇九）に採録されている（五割に当たる二二二語種は全用例が収録されている）。『訓点語彙集成』は推計一万三〇〇〇語種（空見出も含む）ほどが収録されているので、『訓点語彙集成』の全体から見ると本書の和訓が占める割合は低いが、本書から見た場合には大半の和訓が同書に収録されていることになる。

すでに述べたように、本書の加点には中国撰述注釈書を背景とするものと、注釈書とは異なる背景を持つものとがある。したがって、単に国語語彙として用例を取り上げるだけでは不十分で、根拠となる注釈的背景の有無も合わせて記述する必要がある。これを簡単なモデルで示すならば、本文Aを解釈する注釈Bがあった場合、本文Aに加点される和訓aは本文Aにとって常用的な和訓ではなく、注釈Bの方にとって常用的な和訓である。この逆に、注釈Bが本文となった場合には和訓aは加点されない。和訓aは本文Bにとって常用的な和訓であってわざわざ加点するまでもなく、読解者には容易に理解されるからである。このように考えたモデルを本書に当てはめてみると、以下のような注釈Bと和訓aのペアが抽出される（白点例は除く。挙例は「【注釈B】和訓a（本文Aと所在行数）」として、注釈Bの部首・画数順に配列して示す）。

【下】クダル（胻125）、【且】マタ（行346）、【乗】ノル（淩55、御243）、【亂】ミダス（訊122）・ミダリガハシ（溷98）、【事】コト（綷275）、【互】マジハル（錯146）、【人】ヒト（或395）、【仕】ツカフ（女85）、【仰】アフグ（俄526）、【何】イヅクンゾ（奚75、奚85）、【但】タダニ（徒499）、【依】ヨル（案483）、【使】シテ（抨82）・ツカフ（征219）、【入】イル（離5）、【分】ワカツ（灑337）、【刺】サス・ツク（槍499）、【勉】ツトム（敦361）、【動】ウゴク（岋459）、【升】ノボル（騰133、陟301）、【去】ユク（行75）、【及】オヨブ（將208、捷29）、【取】トル（資25）、【同】オナジ（齊231）、【向】ムカフ（擬33）、【周】メグル（單271）、【善】ヨミス（淑5）、【垠】カギリ（鄂152）、【如】ゴトシ

（星112、霧126、蒙126、翰451）、【娯】ヨロコビ（虞548）、【尊】タフトブ（宗251）、【崖】カギリ（垠166）、【差】タガフ（爽400）、【希】マレニ（罕543）、【帯】オブ（衿36、佩21）、【常】ツネニ（方219）、【平】タヒラグ（夷415）・ヒトシ／タヒラ（夷502）、【幸】サイハヒ（釐296）、【廣】ヒロム（拓109）、【延】ヒク（施177）、【引】ヒク（控478）、【張】ハル（矍313）、【往】ユク（汪51、女85、徂543）、【待】マツ（竢44、御371）、【慕】ネガフ（斉74）、【憂】ウレフ（邮109）、【憩】イコフ（偈265）、【成】ナス（考286）、【戯】タハブル（嬌466、娭512）、【戻】モドス（跋463）、【打】ウツ（據518）、【扼】クビル（搤472）、【披】ヒラク（皷205）、【拂】ハラフ（撤183）、【接】マジハル（捷29）、【捧】ササグ（抾519）、【撃】ウツ（梢115、抶484）、【舉】アグ（撟161、炕194、丞545）、【攀】ヨヅ（斉74）、【放】ホシイママ（肆23、肆205、肆239）、【敬】ツツシム（欽8、欽251、欽308、祗277）、【整】トトノフ（列478）、【斂】ヲサム（彌480）、【斬】キル（斳464）、【於】ココニ（于269）、【旋】メグラス・メグル（還181、還240、還555）、【早】ハヤシ（蚤35）、【晃】テラス（熿255）、【暇】イトマ（皇554）、【曰】イフ（于269）・ココニ（越309）、【曳】ヒク（拖462）、【楊】アグ（颺42、颺211）、【樂】タノシム（易348）、【止】ヤム（輟544）、【正】タダス（匡527）、【歴】フ（離5）、【求】モトム（索26、索70）、【渡】ワタル（蹀472、横298）、【漬】ヒタス（漚68）、【然】シカ（兪537）、【牽】ヒク（搤472）、【狹】サシ（蚕24）、【疊】タタム（襞39）、【疑】ウタガフ（擬33）、【疾】トシ（駛139）、【皆】ミナ（胥269）、【盡】コトゴトニ（殫510）・ツク（殫504）、【祐】タスク（雍107）、【禁】フセグ（禦415）、【福】サイハヒ（釐227）、【積】タクハフ（貯23）・ツモル（委263）、【竝】ナラブ（方219、方137、麗360、方455）、【竟】ヲフ（疆148）、【答】ウツ（抶115）、【等】ヒトシ（侔249）、【細】クハシ（精57）、【綱】ツナ／ヲ（紘492）、【網】アミ（罘427）、【縁】メグル（純479）、【總】スブ（摠249）、【繼】ツグ（襲203）、【續】ツギ（胤109）、【纔】ワヅカニ（財370）、【罔】アミ（罿427）、【美】ヨシ（鑠309）・ヨミス（懿44）、【者】モノ（走120、飛120）、【耦】ツガフ（儕545）、【聚】アツム・アツマル（雍107、敦137、鬱205、湊298、攢451）、【至】イタル（羾142、臻143、造147、楙175）、【與】アタフ（錫109）、【若】ゴトシ（鱗171）、【視】ミル（目522、眡343）、【蔽】カクス／カクル（翳129）、【賣】ヒサグ（鬻26）、【走】ハシル（踔466、趡320）、【趣】オモムク（湊298）、【距】イタル（岠465）、【踰】コユ（險363、踔466、蹀472）、【蹈】フム（蹠101）、【躡】フム（跋463）、【轢】スル（轔470）、【近】チカヅク（切452）、【迎】ムカフ（逆296）、【迫】セマル・セム（薄58、薄517）、【過】スグ（軼133、碭205、軼365、淫502）、【道】ミチ（唐149）、【遠】トホシ（超5）、【遭】アフ（離11）、【選】エラブ（歴111）、【量】ハカル（度148）、【開】ヒラク（辟10、決265）、【降】クダス（隤308）、【靜】シヅカ（靚213）、【響】ヒビキ（薌209）、【順】シタガフ（若309）、【頓】タフル（仆475）、【額】ヒタヒ（題499）、【頸】ウナジ（脰500）、【饒】ユタカ（羨109、裕379）、【馳】ハス（騁30）、【驚】オドロク（駭222）、【麾】マネク（戲448）

（合計一四一字種）

注釈Bに平易な漢字が多いと感じられるのは、約八割に当たる一一四字が常用漢字（二〇一〇年告示改定常用漢字表）に含まれるからであろう（小学校で修得する教育漢字は全体の約五割の七十一字が該当する）。本書の本文は、冒頭の「漢書楊雄伝の内容一覧」に示した通り、楊雄が作成した辞賦の引用が全体の九四％を占め、修辞的な漢語・文体が駆使されている上に、以下のような古体字も見られる（挙例は古体字、所在行数、（割注注釈）の順）。

虖6（虖古乎字也）、譆30（譆古齅字也）、蚤35（蚤古早字也）、颺42（颺古楊字也）、肴43（眉）、顇49（顇古悴字也）、斧74（斧古攀字也）、泩156（泩古往字也）、狓205（狓古披字也）、肴249（↓43）、熿255（熿古晃字也）、冂328（冂古掌字也）、菑338（菑古災字也）、⿱雨飛351（⿱雨飛古霏字）、屮376（屮古草字也）、鼂442（古朝字）、掔472（掔古牽字也）、紭492（紭古紭（紘）字也）、焯507（焯古灼字也）（肴43に対する「眉」は割注内の置き換え字、鼂442に対する「古朝字」は書込注、紭492に対する師古注「古紭」は「古紘」の誤り）。

難解な本文、平易な注釈、加点された和訓の三者の関係の上に本書の訓点（和訓）語彙が成り立っていると言える。

七、文選との関係

本書を漢文本文の内容から見た場合、テキストの二重性に注目する必要がある。[16] 冒頭で述べたように、本書は形式的には前漢の楊雄についての伝記であるが、漢書の編者班固による記述はほとんどなく、内容的には楊雄自身の四つの作品、反離騒、甘泉賦、河東賦、校獵賦（羽獵賦）の収録からなる。このうち、甘泉賦と校獵賦（羽獵賦）は文選巻第四（李善注本では巻第七・巻第八）にも収録され、また反離騒は屈原の離騒を踏まえた作品であって、離騒は楚辞及び文選巻第十六（李善注本では巻第三十二）に収録される。つまり漢書を表テキストとするならば、文選は裏テキストということになる。

文選は梁の蕭統の編纂による中国六朝時代の詞華集で、日本には早くから伝来したことが種々の文献から窺え、日本の学術文化に大きな影響を与えて来たとされる重要な漢籍である。[17] 古写本も無注本として東山御文庫蔵本（九条家旧蔵本）、猿投神社蔵本、宮内庁書陵部蔵本、冷泉家時雨亭文庫蔵本、大東急記念文庫蔵本、天理図書館蔵本（観智院本旧蔵本）、静嘉堂文庫蔵本などが現存し、さらに五臣注本として天理図書館蔵本（三条家旧蔵本）、本邦にのみ現存する百二十巻系統の集注本が東洋文庫、金沢文庫、文化庁に現存している。[18]

漢籍の学習読解が中国撰述の注釈書と関係することについては上述した通りであるが、現存する文選注釈書としては唐代の李善注・五臣注、これらを合わせた六臣注、また李善、鈔、音決、五家（音）、五臣、陸善経の諸注を含む集注がある。文選古写本は天理図書館蔵本（五臣注本）と集注本を除けば無注本であるが、東山御文庫蔵本には文選音決、文選鈔などの佚文の書込も見られ、さらに宮内庁書陵部蔵巻第二の訓点は集注に基づく部分があり、漢書楊雄伝と同様に注釈書を利用しながら学習読解が行われたことが知られる。(19)ただし、文選の訓点資料はいずれも平安時代後期から鎌倉時代にかけてのものが大半で、本書のように十世紀に遡る加点資料は現存しない。訓点資料としての本書の存在は、十世紀における辞賦の学習読解を具体的に知り得る点で極めて重要な意義を持つ。実際に本書には文選注、文選音決からの引用書込が以下のように三例存在する。(20)

文選音決音韡（132行目「帥」左傍）

訓同引字林云摧音女隹反文選注子罪反又音決祖罪反（159行目上欄外、文選注以下は別筆）

音決縣音懸訓張曰高祖配昆侖也集韋云甘泉擬縣圃而爲之（173行目下欄外）

これらの書込は甘泉賦（103行目～280行目）に関わる部分にあり、書込者（加点者）に文選が意識されていたことが窺われる。ただし、書込内容はいずれも音注であり、本書全体の訓読に文選注釈書が利用された形跡は見られない。(21)さらに漢書楊雄伝に含まれる甘泉賦、校獵賦と文選（胡刻本による）に含まれる甘泉賦、羽獵賦との間には稿者の計数で一七〇例ほどの本文異同が存在するにも拘わらず、本書の校勘作業に利用された形跡はまったく見られない。例えば、本書校獵賦と文選羽獵賦の冒頭部は以下のように異なっているが、本文に関する注記が無い。

其十二月羽獵（本書368行目）

↑↓

孝成帝時羽獵（胡刻本巻第八（0815b）、東山御文庫本巻第四（435行目））

これらのことは、同じ漢籍であっても漢書と文選との間には交わることのできない学問上の優先順位があった可能性や、また一方では文選の訓点資料が平安時代後期以降にならないと登場しないという本邦における文選学問史の発達過程も合わせて考えるべき問題である。漢書楊雄伝天暦二年点は十世紀における史書訓点資料としてだけではなく、文選を巡る日本の古代学問史においても重要な存在意義があると言える。

注

（1）Ishizuka2016、石塚晴通二〇一六、同二〇一七、石塚晴通（他）二〇一二（八九-九〇頁）。

（2）誤写一覧については小助川貞次二〇一八（左二〇-二一）参照。

（3）なお前者は本行のみの釈文形式の解読文で解説は一切無く、後者は割注も翻字した上で（割注の加点は記載しない）訓点について詳細な解説を伴なっている。訓点研究における初期の解読作業がどのようなものであったかを知り得る点で貴重である。なお、この間の事情については大坪併治一九七五（三七頁）にも述べられており、参考になる。

（4）小林芳規一九六二（一一頁）、同一九六七（七〇三-七〇四頁）、同一九八七（九四-九八頁）。本影印では角筆点は再現できていないが、稿者は小林芳規博士が発見された角筆点の多くについて追認をしている（ただし、解釈の異なる部分もある）。角筆点の再現には特殊な撮影方法と印刷方法が必要であり、今後の影印出版の課題である。

（5）大坪併治一九七五。なお割注は「殆ど加点されてゐないので、省略」（三八頁）されている。

（6）吉澤義則一九三〇（六一六頁）、築島裕一九八六（三六九頁、六七六-六七七頁）。

（7）築島裕一九八〇（三九頁）。

（8）日本現存の漢籍訓点資料における割注への加点については小助川貞次二〇〇七（四一-四八頁）参照。

（9）「当該字、所在行数、書込注」の順で掲げる。綽42「玉齒灼反」、崦60「猗廉反」（玉篇か）、嵫60「子辭反」（玉篇か）、钀71「集敖稻米也先但反」（敖は熬の誤）、鵾78「玉古玄反」、佻83「吐彫反」（文選音決または切韻か）、撥118「切葵癸反上聲重」（撥は揆の誤）、枅208「訓音肩」、枅208「玉結奚結賢反」、鍰212「胡關反」（切韻または玉篇か）、濴246「烏定反」（切韻か）、屈284「其勿反」（後出321行目師古注）、柞288「訓子各反」、試329「切式吏反」（切韻）、臭329「集着人名也」、臭329「切丑略反」（切韻）。

（10）この薄朱と濃朱による先後関係は、唐鈔本世説新書平安中期点でも観察され、薄朱点によって句読点と人名が全巻に加点され、その後、濃朱点によってヲコト点と仮名点が加点される状況と類似する。小助川貞次二〇〇六を参照。

（11）神田喜一郎一九三五、沼本克明一九六九（一九八二）。

（12）沼本克明一九六九（一九八二）、上田正一九八四（四八〇頁）、同一九八六、小助川貞次二〇〇五。

（13）208行目「將」左傍の書込注「集案云々三蒼櫨柱上柎也」も同様の例で、「將」左傍の朱点訓注「及也」（右傍朱点仮名「オヨフ」と同筆）を避けて書き込まれている。

（14）小助川貞次一九八七。

（15）詳細は石塚晴通一九九二を参照されたいが、「充」に加点された朱点「アツ（ル）に」は「充」が持つもう一方の常用訓「ミツ」を排除した可能性とともに、「死」（9行目割注二例、102行目割注、409行目割注二例、501行目割注、526行目割注に用例がある）との字体識別の意図があった可能性もある。

（16）小助川貞次一九九四。

（17）小島憲之一九八五、東野治之一九七七a、同一九七七b、近藤春雄一九七八、小尾郊一一九七四など。

（18）小助川貞次二〇〇二（一三-九二頁）に「文選古鈔本一覧及び文選古鈔本対照表」がある。また近年における文選集注の研究については、渡辺さゆり・小助川貞次一九九六、石塚晴通・小助川貞次二〇一五に詳しい。

（19）松本光隆一九八五。

（20）この他に書込注の中に「集注」「音決」が見えるが、漢書古今集義の可能性もある。「集注文穎曰符合也」（109行目上欄外）、「集注云鄭玄禮記注曰當主也音決多［浪］」（113行目下欄外）。

（21）ただし、墨書擦消和訓の中に文選読みと推測されるものが複数見られる。当該本文から離れて加点されているのが特徴で、墨書擦消ヲコト点との関係や書込時期・擦消時期などの解明が待たれる。

参考文献

石塚晴通一九九二　「上野本漢書楊雄伝の訓法と朱点――古辞書及び現行漢和辞典の記述に及ぶ――」（『訓点語と訓点資料』第八八輯、一-五頁）

石塚晴通（他）二〇一二　「漢字字体規範データベースの構想と発足」（『漢字字体史研究』、七九-九三頁、勉誠出版）

石塚晴通・小助川貞次二〇一五　「文選集注巻第四十八・第五十九・第六十八・第八十八・第百十三解題」（『東洋文庫善本叢書』第十二巻、四一三-四三七頁、勉誠出版）

Ishizuka Harumichi2016 "Elements of Codicology of the Hanzi Script", 3rd version.

石塚晴通二〇一六　「東洋文庫善本叢書所収本の料紙調査報告」（『Modern Asian Studies Review（新たなアジア研究に向けて）』七、二六-三七頁、東洋文庫）

石塚晴通二〇一七　「料紙の質と典籍の位相――中国及び日本の写本・版本を例として――」（『Modern Asian Studies Review（新たなアジア研究に向けて）』八、五一-五七頁、東洋文庫）

上田正一九八四　『切韻逸文の研究』（汲古書院）

上田正一九八六　『玉篇反切総覧』（交友印刷）

大坪併治一九七五　「漢書楊雄伝天暦点解読文」（『岡山大学法文学部学術紀要』三六号、三七-五九頁）

小尾郊一一九七四　「文選解説」（全釈漢文大系第二十六巻『文選（文章編）一』、五-四三頁、集英社）

神田喜一郎一九三五　「（解題・校勘記）」（景旧鈔本第二集『漢書楊雄伝残巻』、京都帝国大学文学部）

神田喜一郎一九四九　『日本書紀古訓攷証』（養徳社）

小島憲之一九八五　「文選」（『日本古典文学大辞典』第六巻、三八-四〇頁、岩波書店）

小助川貞次一九八七　「上野本漢書楊雄伝訓点の性格――中国側注釈書との関係――」（『訓点語と訓点資料』第七七輯、二八-五〇頁）

小助川貞次一九九〇　「上野本漢書楊雄伝の声点について」（『国語国文研究』第八六号、一二-三八頁）

小助川貞次一九九四　「文選テキストとして見た上野本漢書楊雄伝天暦二年点」（『訓点語と訓点資料』第九四輯、左一-三七頁）

小助川貞次一九九八　「上野本漢書楊雄伝天暦二年点における典拠の問題について」（『訓点語と訓点資料』記念特輯、左二八-四七頁）

小助川貞次二〇〇二　「文選古鈔本一覧及び文選古鈔本対照表」（科学研究費研究成果報告書「日本国内に現存する文選古鈔本の原本調査に基づく文選訓読についての総合的研究」、一三-九二頁）

小助川貞次二〇〇五　「上野本漢書楊雄伝天暦二年点における切韻と玉篇の引用について」（『築島裕博士傘寿記念国語学論集』、一六八-一八八頁、汲古書院）

小助川貞次二〇〇六　「訓点資料が出来上がるプロセスについて」（『訓点語と訓点資料』第一一七輯、左四〇-四九頁）

小助川貞次二〇〇七　「漢籍訓点資料における割注への加点について」（科学研究費研究成果報告書「国際的視点から見た日本語・朝鮮語における漢文訓読に関する実証的研究」、四一-四八頁）

小助川貞次二〇一八　「階層構造から見た唐鈔本漢書楊雄伝の研究課題」（『訓点語と訓点資料』第一四一輯、左一-二二頁）

小林芳規一九六二　「訓点記載の一様式についての報告」（『訓点語と訓点資料』第二四輯、一-一二頁）

小林芳規一九六七　『平安鎌倉時代に於ける漢籍訓読の国語史的研究』（東京大学出版会）

小林芳規一九八七　『角筆文献の国語学的研究』（汲古書院）

近藤春雄一九七八　「文選」（『中国学芸大事典』、七六二-七六三頁、大修館書店）

島田翰一九〇五　『古文旧書考』（民友社）

築島裕一九八〇　「訓点解説」（『天理図書館善本叢書漢籍之部第二巻文選趙志集白氏文集』、三七-四八頁、八木書店）

築島裕一九八六『平安時代訓点本論考（ヲコト点図仮名字体表）』（汲古書院）
東野治之一九七七ａ「平城宮出土木簡所見の『文選』李善注」（『正倉院文書と木簡の研究』、一四九―一五三頁、塙書房）
東野治之一九七七ｂ「奈良時代における『文選』の普及」（『正倉院文書と木簡の研究』、一八九―二二四頁、塙書房）
沼本克明一九六九「漢籍訓点語資料記載の字音――漢書訓点資料の場合――」（『国語国文』第三十八巻第八号、二〇―三八頁、後『平安鎌倉時代に於る日本漢字音に就ての研究』（一九八二、武蔵野書院）に収録）
沼本克明一九八二『平安鎌倉時代に於る日本漢字音に就ての研究』（武蔵野書院）
松本光隆一九八二「漢書楊雄伝天暦二年点における訓読の方法」（『国語学』第一二八集、二八―四〇頁、後『平安鎌倉時代漢文訓読語史料論』（二〇〇七、汲古書院）に収録）
松本光隆一九八五「文選の訓読における注釈書の利用について」（『鎌倉時代語研究』第八巻、一一七―一三三頁、後『平安鎌倉時代漢文訓読語史料論』（二〇〇七、汲古書院）に収録）
吉澤義則一九二五「故竹添井井氏所蔵唐鈔漢書楊雄伝加点に就て（上）」（京都文学会編『芸文』第十六巻第二号、七三―八九頁）
吉澤義則一九三〇「井々竹添先生遺愛唐鈔漢書楊雄伝訓点」（『内藤博士頌寿記念史学論叢』、五九七―六三五頁、後『国語説鈴』（一九三一、立命館出版部）に収録）
渡辺さゆり・小助川貞次一九九六「訓点資料として見た『文選集注』巻第八及び巻第九の問題点」（『訓点語と訓点資料』第九七輯、左一―五三頁）
繆荃孫一九〇三『日游彙編（日本訪書記）』（『走向世界叢書』（二〇一六、岳麓書社出版）に拠り、簡体字は繁体字に変換した。）

附記

稿者が、旧所蔵者上野淳一氏の御好意で大阪朝日新聞社主室に於いて藤枝晃と共に本巻を撮影させて戴き原本調査を開始して以来、既に半世紀が経過した。その後も大阪朝日新聞社主室・芦屋の上野邸、更には淳一氏御逝去後御所蔵者が息上野信三氏に代ってからは寄託先の京都国立博物館に於いて、原本調査を続けさせて戴いた。元より本巻は、学術的に高度な訓点が極めて複雑な形態で加点されており、為に調査解読には多大な労力を要して来た。歴代御所蔵者は、其の稀有な学術的価値と多大な労力を要する作業を理解され、十分に時間をかけた調査を極めて好意的に見守って下さった。その間の故上野淳一氏・上野信三氏、更には赤尾栄慶氏を中心とする京都国立博物館学藝部諸氏の御芳情には、唯々感謝申し上げる許りである。近時のコディコロジー的調査に御協力戴いた龍谷大学古典籍デジタルアーカイブ研究センターの岡田至弘教授・江南和幸名誉教授の御好意にも篤く御礼申し上げる（図1・図3は其の成果である）。原寸・原色を旨とする本影印の実現に当たっては、京都国立博物館当局及び勉誠出版の池嶋洋次社長・吉田祐輔氏に深甚の謝意を表する。

稿者は、本影印に基いて本巻の学術的解明を目的とする研究書を併せて期しているので、鋭意努めて行く所存である。

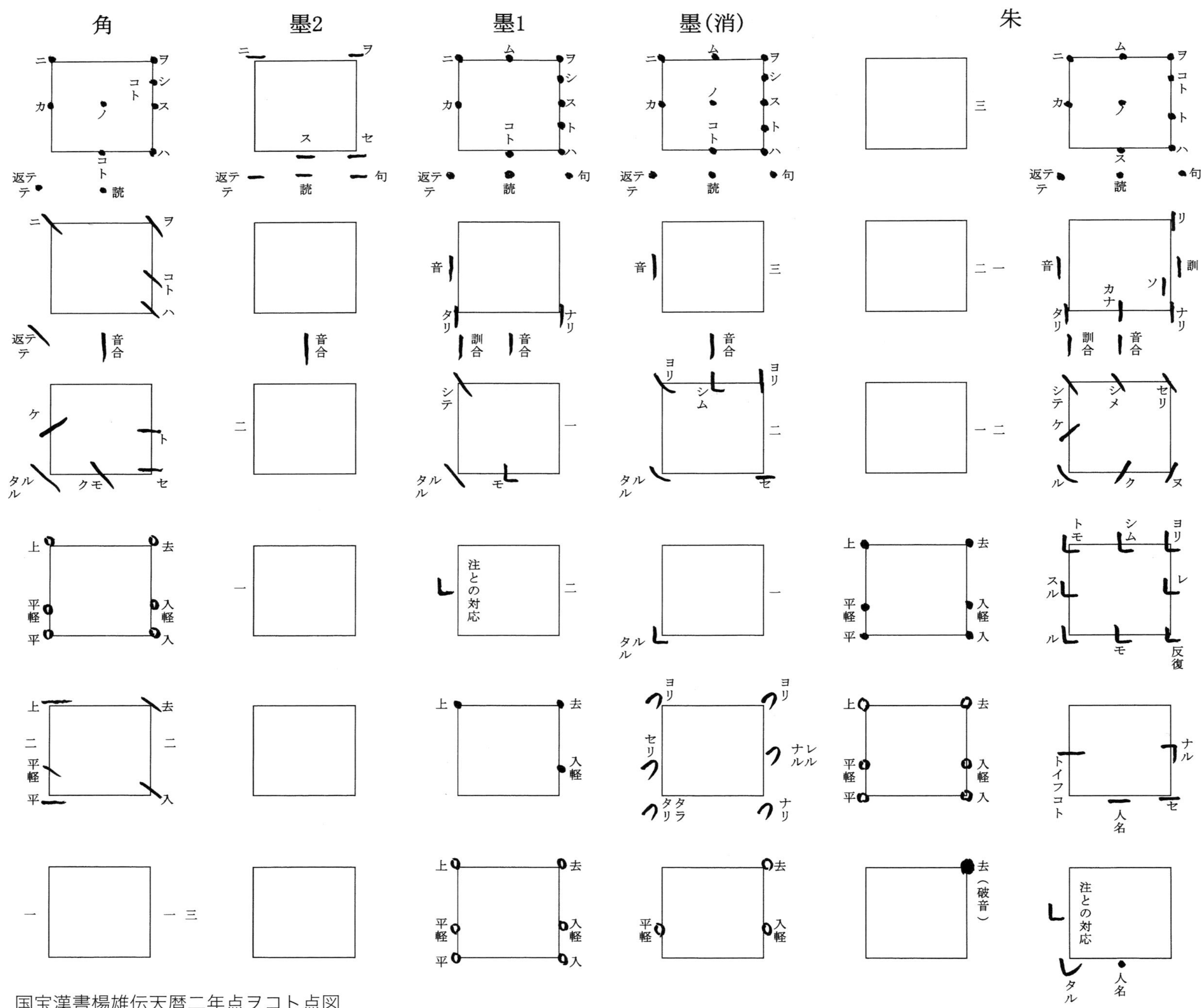

国宝漢書楊雄伝天暦二年点ヲコト点図

朱には濃淡・大小の加点があるが一つに纏めてある。墨(消)には擦消されている加点と擦消されずに残っている加点があるが一つに纏めてある。また墨1の第一壺(星点)は墨(消)の第一壺(星点)と同じであるが、朱との重なり及び線点の形の違いから区別した。

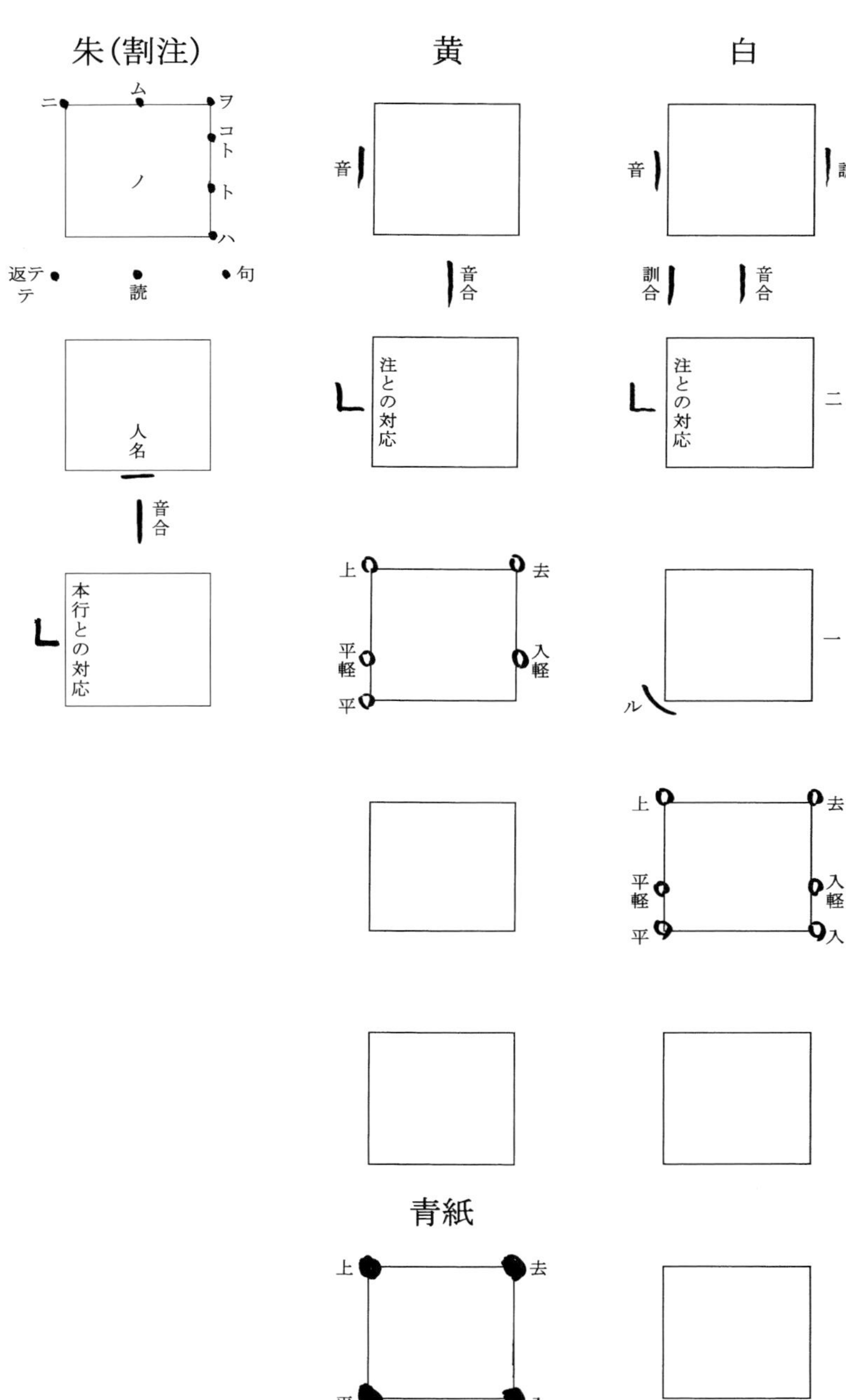
朱（割注）
黄
白
ニ
ム
ヲ
コト
ト
ノ
ト
ハ
返テ
テ
読
句
音
音
訓
音
合
訓
合
音
合
人名
音
合
注との対応
注との対応
ニ
本行との対応
上
去
平軽
入軽
平
一
ル
上
去
平軽
入軽
平
入
青紙
上
去
平
入

仮名	一行目(朱)	二行目(墨)	三行目(角)	四行目(上:白・下:黄)
ア	ア ア ア	ア ア		ア ア ア
カ	カ	カ カ	カ	カ カ
サ	サ	サ ヒ さ		サ ヒ
タ	タ タ	タ リ		タ タ
ナ	七	七 大 小		七 七
ハ	八	八		八
マ	丁	丁 乃	丁	丁 ま
ヤ	つ ヤ や	ヤ ヤ		ヤ や
ラ	ら ヨ ヨ ラ	ヨ ヨ ら		ヨ ラ ら ヨ
ワ	禾	禾 の		禾
ン				
イ	い	い イ	い	い い
キ	き さ	き さ		き き
シ	し し こ	し し	し	し
チ	チ	チ		チ ち
ニ				
ヒ	ヒ 匚	ヒ 匚		ヒ ヒ
ミ	三 尺	三	三 尺	三 尺
リ	リ	リ		リ リ
ヰ		ゐ		ゐ
有	ナ	ナ		
ウ	ウ	ウ ウ	ウ	ウ 千
ク	久 久 ク	久 ク ク	ク	久 久
ス	寸	寸		寸 寸
ツ	…	…		… …
ヌ				
フ	不	不 不 ふ		不
ム	ム	ム		ム ム
ユ	ワ	由 ワ		由
ル	る 口 口	田 口	口	口 る
畳符	夕、	サ、久		い、ら、 ヒ一き
エ				
ケ	介	介 个		介 介
セ	せ せ		せ せ	
テ	テ 天	テ 天	了	テ て 天
ネ	ネ	ネ		ね
ヘ	ヘ ヘ	ヘ ヘ	ヘ	ヘ
メ	メ 十 女	メ メ		メ 女 メ
江	ㄩ	エ ㄩ	ㄩ	ㄩ
レ	レ	レ		レ レ
ヱ				ゑ
オ	お オ	お 令	お	お オ お
コ	こ	こ	こ	こ こ
ソ	ソ	ソ	ソ	
ト	ト	ト 上		ト
ノ	乃	乃 尢		乃
ホ	イ 呆	イ ア		イ イ
モ	毛 ん	毛 ん		毛
ヨ	与 与	与		与
ロ	口	口		ろ
ヲ	シ	シ		シ

国宝漢書楊雄伝天暦二年点仮名字体表

各欄とも一行目:朱、二行目:墨、三行目:角、四行目上:白、四行目下:黄の順である。

朱・墨ともそれぞれ濃淡・大小の違いがあるが一つに纏めてある。

京都国立博物館 所蔵

国宝 漢書楊雄伝 第五十七

編者 京都国立博物館

解説 石塚晴通（北海道大学名誉教授・東洋文庫研究員）
上杉智英（京都国立博物館学芸部美術室研究員）
小助川貞次（富山大学教授）

制作 ㈳勉誠
発行者 池嶋洋次
発行所 勉誠出版㈱
〒101-0051 東京都千代田区神田神保町三―一〇―二
電話 〇三―五二一五―九〇二一㈹

二〇一九年十一月二十日 初版発行

印刷製本 太平印刷社

ISBN978-4-585-28046-0 C3080

日本文化の精髄を伝える最優品を原寸・原色で再現。

京都国立博物館［所蔵・編］

石塚晴通・赤尾栄慶・羽田聡［解題］

国宝◉岩崎本 日本書紀

和様の完成形を示す最古級の日本書紀

写本・二巻で構成。「推古天皇紀」および「皇極天皇紀」の二巻が残る。双方の写本としては現存最古のもの。平安時代中期を代表する字すがたを有する。また、平安時代の仮名・乎古止点・声点という極めて古い時期の書入れを有しており、国語学上においても貴重な資料である。一条兼良が書き加えた墨書の仮名・返点・注記も残されている。

Ａ３変形・一二〇頁・本体三五、〇〇〇円（＋税）

国宝◉吉田本 日本書紀

吉田（卜部）家の神道学を伝える根本資料

写本・二巻で構成。卜部家に伝来した『日本書紀』の古写本。全巻、兼方の自筆によるもので、朱の訓点、細字の注記、紙背には兼方によって諸説が書き込まれている。この兼方の裏書は、その父兼文が前関白一条実経らに行った『日本書紀』の講義に関わって書かれたもので、のち兼方が著した『釈日本紀』はこの裏書をもとにして構成されたものという。

Ａ３変形・三九六頁・本体一〇〇、〇〇〇円（＋税）

国宝◉浄名玄論

わが国最古の写本であり、古写経史上稀覯の遺品

写本・八巻で構成される『維摩経』の綱要書。慶雲三年の書写奥書を有し、書写年代が明らかな本邦現存最古の仏典・書跡である。本文は六朝時代の趣をたたえた筆致で書写され、また、各所に平安時代初期と推定される白点が施されており、訓点資料として国語学上重要な資料である。元来、奈良・東大寺に伝来したが、神田喜一郎の手を経て、国有に帰した。

Ａ３変形・三二〇頁・本体一〇〇、〇〇〇円（＋税）

京都国立博物館所蔵
重要文化財 神田本 白氏文集

我が国の古典文学に大きな影響を与えた白氏文集「新楽府」。その旧態を今に伝える最重要古写本を紙背を含め全編フルカラーで再現。

京都国立博物館 編／赤尾栄慶・神鷹徳治 解題／當山日出夫 翻刻・本体六〇〇〇〇円（+税）

国宝 小川本 真草千字文

奈良時代の聖武天皇・光明皇后遺愛品と見做されて来た日本国随一の国宝の全編を、超高精細画像にて原寸原色影印。その筆跡・筆致までを伝える決定版。

石塚晴通・赤尾栄慶 編・本体二五〇〇〇円（+税）

国宝 冥報記 全三巻

承和年間（八三四〜八四八）に入唐した円行が持ち帰った唐写本であり、中国では散逸し日本にのみ残る現存最古写本を全巻原寸原色版で影印する。【巻子】

高山寺 監修／石塚晴通 編／石塚晴通・赤尾栄慶 解説・本体八〇〇〇〇円（+税）

重要文化財 弥勒上生経（石川年足願経）

『弥勒上生経』は明恵上人ゆかりとされる貴重写本。明恵が出仕した東大寺尊勝院との関係を有する写本と見られる本書を全巻原寸原色版で影印する。【巻子】

高山寺 監修／石塚晴通 編／池田証寿・石塚晴通・赤尾栄慶 解説・本体三六〇〇〇円（+税）

鳥獣戯画 修理から見えてきた世界
国宝 鳥獣人物戯画修理報告書

近時完了した大修理では、同絵巻に関する新知見がさまざまに見出されることとなった。『鳥獣人物戯画』の謎を修理の足跡をたどることで明らかにする画期的成果。

高山寺 監修／京都国立博物館 編・本体一〇〇〇〇円（+税）

明恵上人夢記 訳注

鎌倉仏教に異彩を放つ僧・明恵の精神世界を探る基礎資料。中世の歴史・信仰・美術・言語、ひいては広く日本文化を解明するための画期的成果。

奥田勲・平野多恵・前川健一 編・本体八〇〇〇円（+税）

紙の日本史
古典と絵巻物が伝える文化遺産

長年の現場での知見を活かし、さまざまな古典作品や絵巻物をひもときながら、文化の源泉としての紙の実像、そして、それに向き合ってきた人びとの営みを探る。

池田寿 著・本体二四〇〇円（＋税）

日本の文化財
守り、伝えていくための理念と実践

文化財はいかなる理念・思いのなかで残され、保存・修理が実践されてきたのか。文化財行政の最前線にあった著者の知見から、文化財保護のあるべき姿を示す。

池田寿 著・本体三二〇〇円（＋税）

古文書料紙論叢

古代から近世における古文書料紙とその機能の変遷を明らかにし、日本史学・文化財学の基盤となる新たな史料学を提示する。

湯山賢一 編・本体一七〇〇〇円（＋税）

文化財と古文書学
筆跡論

書誌学はもとより、伝来・様式・形態・機能・料紙など、古文書学の視座との連携のなかから、総合的な「筆跡」論へのあらたな道標を示す。

湯山賢一 編・本体三六〇〇円（＋税）

書誌学入門
古典籍を見る・知る・読む

書物はどのように作られ、読まれ、伝えられ、今ここに存在しているのか。「モノ」としての書物に目を向け、人々の織り成してきた豊穣な「知」を世界を探る。

堀川貴司 著・本体一八〇〇円（＋税）

書物学 第1～17巻（以下続刊）

これまでに蓄積されてきた書物をめぐる精緻な書誌学、文献学の富を人間の学に呼び戻し、愛書家とともに、古今東西にわたる書物論議を展開する。

編集部 編・各巻本体一五〇〇円（＋税）

漢字字体史研究

漢字字体の歴史的・地域的変遷や諸文献中の字体異同、実用例と字書記述とを相互的に検討。字体のもつ資料的意義を体系化し、対象文献の時代比定や作成背景を探る。

石塚晴通 編・本体八〇〇〇円（＋税）

漢字字体史研究 二
字体と漢字情報

日本語・文献・歴史・考古・仏教・心理・情報・日本語教育等、諸分野を横断した字体と漢字情報に関する最先端の議論から、これからの文字研究、人文学研究を考える。

石塚晴通 監修・高田智和・馬場基・横山詔一 編・本体八〇〇〇円（＋税）

国宝 西大寺本
金光明最勝王経
天平宝字六年百済豊虫願経

天平写経の最優品、国宝「金光明最勝王経（天平宝字六年百済豊虫願経）」（西大寺所蔵）の全編を原寸・原色で影印。本経巻のフルカラー全編公開は史上初。

総本山西大寺 編／佐伯俊源・月本雅幸・野尻忠 解題・本体一〇〇〇〇〇円（＋税）

平安時代における変体漢文の研究

総体を捉える基盤研究のなされていなかった変体漢文の特性と言語的特徴を同時代の諸文体との対照から浮き彫りにし、日本語史のなかに定位する。

田中草大 著・本体八〇〇〇円（＋税）

山田孝雄著『日本文体の変遷』本文と解説

文献時代の初めから明治時代に至る諸資料を博捜・引用し、時代別・文体別に詳述。日本文化・社会の根幹をなす文章・文体の展開を歴史的に位置づける意欲作。

藤本灯・田中草大・北﨑勇帆 編・本体四五〇〇円（＋税）

日韓漢文訓読研究

各国の言語文化における言語的・思想的展開について、日韓の最先端の研究者を集め論究、東アジアにおける漢字・漢文理解の方法と思想を探る。

藤本幸夫 編・本体一〇〇〇〇円（＋税）

東洋文庫善本叢書 第一期——全12巻

監修◉公益財団法人 東洋文庫

解題◉石塚晴通・小助川貞次・豊島正之・會谷佳光

第一巻……国宝 **史記** 夏本紀・秦本紀……本体二五〇〇〇円(+税)

第二巻……重文 **ドチリーナ・キリシタン** 天草版……本体一四〇〇〇円(+税)

第三巻……重文 **楽善録** 宋版・円爾旧蔵……本体七〇〇〇〇円(+税)

第四巻……**サクラメンタ提要** 長崎版……本体五七〇〇〇円(+税)

第五巻……国宝 **毛詩**◇重文 **礼記正義** 巻第五残巻……本体二六〇〇〇円(+税)

第六巻……**梵語千字文**◇**胎蔵界真言**……本体二五〇〇〇円(+税)

第七巻……国宝 **古文尚書** 巻第三・巻第五・巻第十二◇重文 **古文尚書** 巻第六……本体四〇〇〇〇円(+税)

第八巻……**聖教精華** FLOSCVLI……本体五二〇〇〇円(+税)

第九巻……国宝 **春秋経伝集解** 巻第十◇重文 **論語集解** 文永五年写巻第八……本体二九〇〇〇円(+税)

第十巻……**天正十八年本 節用集**……本体三八〇〇〇円(+税)

第十一巻…重文 **論語集解** 正和四年写……本体九八〇〇〇円(+税)

第十二巻…国宝 **文選集注** 巻第四十八・第五十九・第六十八・第八十八・第百十三……本体九八〇〇〇円(+税)

世界に誇る白眉の書物を原寸原色で初公開

全12巻揃◎五十七万二千円[呈・内容見本]